守护财富的九节课

格雷格·沙利文（Greg Sullivan）　著

黄文礼　译

中国金融出版社

责任编辑：吕　楠
责任校对：孙　蕊
责任印制：陈晓川

Title：Retirement Fail：The 9 Reasons People Flunk Post-Work Life and How to Ace Your Own by Greg Sullivan，ISBN 9781119447405.

Copyright© 2018 Greg Sullivan.

All Rights Reserved. This translation published under license. Authorized translation from the English language edition，Published by John Wiley & Sons. No part of this book may be reproduced in any form without the written permission of the original copyrights holder.

北京版权合同登记图字 01-2020-3482

《守护财富的九节课》一书中文简体字版专有出版权属中国金融出版社所有，不得翻印。

图书在版编目（CIP）数据

守护财富的九节课／（美）格雷格·沙利文著；黄文礼译．—北京：中国金融出版社，2022.10
ISBN 978-7-5220-1063-2

Ⅰ.①守…　Ⅱ.①格…　②黄…　Ⅲ.①退休金—财务管理　Ⅳ.①F241.34

中国版本图书馆 CIP 数据核字（2022）第 213571 号

守护财富的九节课
SHOUHU CAIFU DE JIUJIE KE
出版
发行　**中国金融出版社**
社址　北京市丰台区益泽路 2 号
市场开发部　（010）66024766，63805472，63439533（传真）
网上书店　www.cfph.cn
　　　　　　（010）66024766，63372837（传真）
读者服务部　（010）66070833，62568380
邮编　100071
经销　新华书店
印刷　河北松源印刷有限公司
尺寸　169 毫米×239 毫米
印张　9.75
字数　136 千
版次　2022 年 10 月第 1 版
印次　2022 年 10 月第 1 次印刷
定价　89.00 元
ISBN 978-7-5220-1063-2
如出现印装错误本社负责调换　联系电话（010）63263947

引 言

是什么原因导致退休失败？换句话说，为什么那些为退休做准备的人们最终却无法充分享受他们辛勤工作的成果？对这个问题，我思考颇多。大多数人认为这是由于投资不力，但我还未遇见过这样的案例——由于投资不力而导致客户丧失经济独立性，无法享受渴望的退休生活。

我和我的客户开玩笑说，与其说是投资不力，不如说是你必须关心的那些重量超过 50 磅的人和物体对退休金造成了巨大的破坏，比如成年的孩子、房子、马匹、汽车、船。客户听了之后和我一起开怀大笑，有时是因为他们已经犯了这些错误——或者更多的时候是因为他们想知道未来的哪些决定会影响到他们的退休生活。对你而言，你认为什么会给你的退休生活使绊子？是你的财务状况、健康状况、家庭状况、离婚，还是骗局？这些例子不胜枚举。

退休失败并不意味着破产或变得一无所有，而是你在个人、情感和财务上做出的决定可能会打乱本可以高枕无忧的退休生活。无论你有 50 万美元、500 万美元，还是 5000 万美元，这些问题都是真实存在，与你息息相关的。这一点不仅是对你如此，而且对你的孩子和其他家庭成员也是如此。

在通常情况下，人们关注不可避免的事情，即在任何情况下，最终都必然会发生的事情。这一点固然重要。然而，我和我的客户谈论的是如何为能够避免的事情做计划。人们在面对可以避免的事情的时候，可能会忍不住投降，把我们真正可以控制的事情拿去冒险碰运气，有时我们就是这样导致退休失败的，而这些事情正是我们应该采取深思熟虑的措施来避免的。

思想核心

2014 年秋天，《财务顾问》杂志主编兼编辑部主任、《私人财富》杂志总编辑埃文·西蒙诺夫给我打电话，邀请我在内部退休会议上发言。该会议的重点是讨论当前影响退休的话题。他问我是否可以谈谈在低利率环境下使用创收资产退休的问题。我对埃文说："这是一个好话题，但是我想谈的是人们是怎样退休失败的。"我告诉他，尽管每天有 1 万人退休，但没有人谈论这个问题。我分享说，我总结了人们退休失败的九个原因，而避免这些失败的最好方法是未雨绸缪。埃文毫不犹豫地说道："我喜欢这个话题……这就是你的主题了。"

每天，我和沙利文、布鲁耶特、斯佩罗斯和布莱尼有限责任公司的同事们都会与我们的客户讨论退休和准备期的决策。当我们讨论投资——如何最佳地分配资金需求、税收和其他相关项目的投资组合时，我们的大部分精力都投入更为棘手的讨论中。这些谈话可能会很微妙，因为它们往往涉及每个人最根深蒂固的愿望、恐惧或不安全感：维持自己作为孩子供养者的角色（即使孩子们已经三十多岁）；在离开职场后通过创业来重获身份（即使经营的是像时尚餐厅或葡萄园这样的高风险业务）；或者购买梦想中的度假屋（尽管可能负担不起）。

这个话题让人感到不安——会议室里挤满了人。会议结束后，其他顾问来找我，希望更多地了解如何与他们的客户进行这些重要的讨论。基于我们的谈话内容，埃文后来在《财务顾问》上发表了一篇文章，这篇文章也引起了其他财务顾问的热议和评论。我想得越多，就越意识到退休计划和决策中的情感部分是多么重要，就越想知道我的客户和像他们一样的人可以从一本指南中获益多少，而这本指南强调的正是一些常见的退休失败的现实。

你正在咨询财务顾问吗

关于退休需要攒多少钱以及如何储蓄和投资的书籍有很多。本书并不是其中之一。我写这本书是给那些在经济上为退休做准备但需要一些指导的人，以确保你们快乐、健康的退休计划不会受到影响。不管你是否做好准备，你所做的决定都会对你的财务前景产生积极或消极的影响。你可能在为实现储蓄目标努力，但是在这个过程中伴随着潜在的陷阱，而且最深的陷阱甚至是你看不到的，或者在某些情况下是你不愿意承认的。

许多人都有良好而强大的财务规划，但他们不一定会注意到自己陷入了麻烦的困境——或者他们可能会对自己未能预见的事情感到惊讶。数额方面是一回事，顾问可以很容易地提出数值和预测，而更困难的一件事是要看我们做出的决定是如何影响我们的未来和我们周围的人。本书展示了你需要注意的要点，帮助你考虑你的优先事项是什么，以及为了达到你的目标你需要做出哪些权衡。

一项注册金融策划师标准委员会（Certified Financial Planner Board of Standard，CFP Board）的调查显示，40%的美国人现在正在咨询财务专家。如果你正在咨询财务顾问，那么你可以使用这本书来帮助你和你的顾问进行富有成效的对话。你不需要拘泥于技术投资和硬性数据——正如你将在本书中看到的故事，有着许多不同的场景，可以为与个人财务和家庭财务相关的复杂问题提供建议。

我们喜欢分享故事，包括客户的故事和我们自己的故事。钱是人们通常不会和朋友谈论的话题之一。这就是为什么故事如此有力量——这就是为什么我们在会议中谈到它们，也是为什么我在本书中引用它们。我们可以说："我们知道另一个人也曾处于你这样的境地，然后他就是这么做的。"或者其他人面临类似的情况时选择了对立面。每个人都喜欢确认或者肯定自己正在做出明智的决定。我们可以从他人的成功中学习经验，从他人的失败中吸取教训。

建议在哪里

1975 年 9 月，我父母把我送到宾夕法尼亚州立大学的主校区。这里群山环绕（当地人称之为快乐谷），我与其他 3 万名热情、充满活力的大学生在此学习。父母离开前带我出去吃午饭，然后父亲问我毕业后想做什么。

对于一个还没上过一堂课的大一新生来说，这是一个有趣的问题。但我是那种少有的真正知道自己想做什么的大一新生。我从小就喜欢阅读关于股票和不同业务的书籍，所以我说："我要么去华尔街工作，帮助人们理财，要么当一家公司的 CEO，经营一家企业。"他毫不犹豫地说："我认识的商界最聪明的人是注册会计师（Certified Public Accountant，CPA）。你应该拿到会计学的学位。"我确实想帮助人们解决财务状况和投资问题，但是之前我从来没有想过成为一名会计。

不过，父亲的话一直萦绕在我心头。我拿到会计学学位后，就去了华盛顿特区的安永会计师事务所工作。在做了几年公共会计之后，我离开了公司，加入了一家当地的经纪公司，成为一名财务规划师，追随着我真正的兴趣。

我对工作的变动感到兴奋，我打电话给我的父母告诉他们我的重大变化。父亲有点吃惊地说："你为什么要放弃公共会计这个伟大的职业而成为一名推销员呢？"当我告诉他我将成为一名财务规划师，而不是一名推销员时，他回答说："我认识的每一个财务规划师都只是想卖东西给我。"

我以为他不知道自己在说什么。我的愿景是帮助别人，而不是卖东西给他们。但是如果他说中了，那就太糟糕了。在我工作了几个月后，我参加了全国理财规划会议。参加者数以万计，我遇到的每个人都在推销自己的产品：保险、年金、大量佣金型共同基金、私人合作关系等。那么建议在哪里？谁来帮助人们做出明智的财务决策？

我在新工作中很幸运，尤其是我的一位同事，已故的戴夫·唐德罗，把我纳入了他的羽翼之下，帮助我学习如何根据客户的目标和财务能力来制定财务规划。我积极上课，撰写案例研究，并成为税务和财务规划策略方面的内部专家。虽然公司里的大多数人都利用我的工作来销售产品，但是我学会了这门手艺，并且在提供优质建议方面树立了声誉。

1988 年，我决定成立自己的独立公司——沙利文财务顾问公司，其目标是帮助客户做出明智的财务决策，不受利益冲突的困扰。1991 年，我有幸与恩斯特·惠尼会计师事务所的前同事吉姆·布鲁耶特、皮特·斯佩罗斯、埃莉诺·布莱尼合伙创办了一家新企业。我们所有人都怀着同样的热情——帮助客户做出明智的财务决策，做到独立无冲突。我们将帮助人们对自己的财务状况做出明智的决定。

这让我想起了我写这本书的原因——更重要的是，你读这本书的原因。退休计划的核心问题是：在你退休后的生活中，什么对你来说最为重要？你怎样将其转化为你日常的生活和决策？一旦你知道了这个问题的答案，你就可以制定你的决策，真正让你的资产为你工作，使你的支出与你的价值观和目标保持一致。本书帮助你回答这些基本问题，提出最有可能损害退休生活的 9 个方面。有了自己的价值观和目标以及正确认识了可能面临的挑战，你就可以制订一个退休计划，让自己在退休后过得更好。

目　录

第一章　警惕过度自由的现金流

我曾与一位名叫茱莉亚的客户交谈。茱莉亚在佛罗里达州过着优渥的生活，她拥有一套漂亮的顶层公寓、一辆豪华的超级跑车，总是穿着极具时尚感的衣服，还经常和朋友们一起旅行。看看她，你会觉得她生活中的一切都很顺利。然而，在光鲜亮丽的外表之下，有一个不可避免的令人困扰的问题：茱莉亚的资产是否能够永远维持她奢华的生活。公寓管理费和房地产税费每年都在 10 万美元以上，而她的旅行费用保持在每月 1 万美元左右。她怎么会不享受这样的生活呢？这就是她婚后的生活方式，又为什么要改变呢？

在离婚时，茱莉亚得到了一大笔财产，其中包括她的豪华公寓。当然，她觉得离婚后她的公寓需要彻底翻新一下，以反映她对生活的新看法。江山易改本性难移，茱莉亚已经习惯了没有任何经济压力地去消费。然而，离婚协议中并不包括终身配偶赡养费，所以她必须确保自己能够依靠从协议中分得的财产来支撑自己的生活。

在与茱莉亚进行了一次开诚布公的谈话以后，我意识到需要有人来帮助她管理财务，控制支出。她需要一些专业人员的指导来为自己设定一个适当的月度消费限额。

我建议茱莉亚换一套面积小一点儿的房子以摆脱巨额的住房开支，但这个建议最初并不被她接纳。后来，她逐渐意识到潜在的危机正在逼近，并开始主动寻找其他住房。这是首先也是最重要的一步：让茱莉亚意识到她目前的消费方式存在一些现实的问题，如果她想要继续享受其他一些对她来说更加重要的事情，比如旅行，她就必须改变某些习惯。这就是千里之行积于跬步的道理。

作为财务顾问，我们看到类似茱莉亚这样的情况——人们过着超出他们收入的生活——远比你想象得要多。你有时可能会在报纸上看到这些故事的名人版本。那些报纸的头版可能会印着一些关于体育明星或电影演员的标题，他们退休不久却已然面临破产。从杰瑞·李·刘易斯到加里·科尔曼再到莱尼·戴克斯特拉，这些年来我们已经目睹了几十位曾经富有的名人申请破产。因为这些名人在他们事业顶峰时赚到了数百万美元，他们认为自己能够永远富有，可以永远过着奢华的生活，而忘记自己已经失去了稳定的天价收入，只能依靠过去积累的资产生活。

退休后的支出情况

随着年龄的增长，工作量开始减少或者完全退休，你对自己的生活有何设想？你会乘坐豪华游轮环游世界吗？你会花上半年时间在你新的海滨别墅或加勒比小屋前的沙滩上吗？又或者你已经打算买下那个向往已久的风景如画的马场，把时间花在培养下一个德比①冠军上？如果你已经积累了一定的财富并且为未来做好了规划，这些梦想在很大程度上触手可及。但是毫无节制地消费最终可能会引导你走上一条囊空如洗的道路。未来会出现怎样的情景，不仅取决于你的财富水平和消费水平，还取决于你在退休后的目标，以及你愿意为实现目标而做出的权衡与取舍。

从购买度假别墅到对成年子女过度慷慨的支持，不谨慎的消费是人们退休后失败的主要原因之一，这也是我在这本书中所谈到的许多其他潜在陷阱的根源。那么，你将怎样辨别你的消费是可负担的还是最终会破坏你退休目标的过度放纵呢？或者你将如何在这两者中做出合理的权衡呢？又是什么才能把来之不易的梦想和严重的错误区分开呢？在审视自己是否过度消费之前，我们必须先把目光聚焦于更宽泛的消费理念，以及退休后的一些消费方式上，而这与全身心投入工作时的开销大相

---

① 德比的全称为肯塔基德比，是美国最知名的赛马比赛。

径庭。

　　在评估退休计划时，不论直接还是间接，几乎所有都要围绕支出来展开。事实上，大多数人都过于谨慎，因此因奢侈消费而危及其退休生活的人只是少数；但是对于那些已经习惯于这种消费方式的人来说，过度消费是一个严重的问题。有时，即使没有一项支出是超出规模的，这种具有高自由度的支出模式也足以引起人们的警惕。

　　当拥有全职工作且稳定可靠的收入时，你很容易养成奢侈的消费习惯。美好的假期，在高档餐厅就餐，频繁的购物旅行，以及其他的款待，这些都是人们在一周的高效工作后对自己的奖励以及减轻忙碌生活压力的方式。退休以后，人们可能会仍然像停止工作之前那样，对物质财富和娱乐休闲有着相同程度的需求，但现在他们有更多的时间去旅游、去购物、去追求潜在的高昂的爱好或兴趣，例如，收集豪车、开酒厂、投资房地产，或沉迷于帆船运动。但是退休后，他们的收入只有以前的一小部分，所以很容易面临超支的问题。

　　虽然传统经验表明，人们需要80%的退休前收入才能够在退休后维持他们工作时的生活方式，但是最近的研究表明，不同家庭的消费模式实际上存在着很大的差异——有些家庭的确大大减少了他们的支出，但将近一半的家庭在退休后的前两年花费得比他们在工作时还要多。在参与调查的退休人员中，有28%的人在退休后前几年的支出多于退休前支出的120%，他们中的大多数在退休后的第六年仍然在继续这种增长式支出的模式。因此，虽然80%可能确实代表了平均水平，但在现实生活中每个家庭的消费方式却不尽相同，一些家庭大幅削减开支，而另一些家庭则大幅增加开支。根据数据显示，增加的支出的大部分或用于旅行，或用于家庭开支，其本质上是可供自由支配的。

　　退休以后，你可能对自己的家庭支出没有足够的重视。作为一名高管，你可能在制定商业战略、评估公司现金流和了解公司财务状况方面非常出色，但你或许对自己的财务状况没有同样清晰的认识。你很难理性地看待自己的个人消费，尤其是当你应该做什么和你想做什么之间存在矛盾的时候。

在公司里，你是在摆弄别人的钱；当涉及个人理财时，你是在动用自己的资金，当然你的配偶也在如何花钱方面有一定的发言权。一旦你退休了，你就不太可能再增加你的退休金了。你只能在一段没有定数的时间里获取到十分有限的资产。对大多数人来说，如何量入为出需要周密的思考和计划。

我们发现，对大多数人来说，理财从来都不是他们的强项。如果你已经在法律、商业、体育、创业等方面具有一定成就，或者继承了一笔财产，你可能不太会关注现金流入与现金流出的一些细节以及它们与你的生活方式和投资资产之间的关系。你赚的钱已经够多了，所以没必要密切关注自己的收入。

当你习惯于在银行里存钱时，你可能会忽视自己的消费习惯。只要现金以较快的速度流入，这种途径就可能奏效。但是，当你决定退休或者改变目前状态，收入因此放缓或停止增长时，又会发生什么呢？你将如何从全职工作的收入模式过渡为主要根据投资资产的表现来获得收入的模式呢？因为投资资产的收入通常比你的工作收入要少得多，你将如何确定什么是"适当的"或"奢侈的"消费呢？如果需要，你又将如何改变你的习惯呢？

优先级和决定权

这其中的难点之一是要决定由谁来定义过度消费：是丈夫还是妻子？亲家、孩子、朋友或者邻居会影响你的消费决定吗？当在批评其他个人或家庭时，人们往往能够比较容易地对过度消费做出判断，即"花得比我多"。

但人们对生活的看法不同，他们的消费的优先级和模式往往源于他们的成长经历。成长在一个经济拮据或挥霍无度的家庭，听父母喋喋不休地争论经济问题，童年遭受各种各样的创伤，这些都可能导致一种复杂或不健康的价值观。有时，一个人的个性气质和他（或她）在成长过程中学会的财务行为，会导致其与未来配偶的消费模式存在分歧。

丈夫和妻子通常有不同的金钱观念。他们简单地使用不同的眼光看待金钱与金钱的意义。一方可能认为每三四年买一辆新车是不必要的开支，而另一方则认为这是正常和适当的开支。一方可能认为孩子的私立学校学费是一种奢侈，而另一方则将其视为对孩子未来必要的投资。那么，谁来决定支出的优先次序，而这些决定又会对夫妇的退休目标产生怎样的影响呢？

> 阿默普莱斯（Ameriprise）2016 年的调查显示，大约有 31% 的夫妻每月至少会对财务状况产生一次分歧。最常见的分歧是购买大件商品（占 34%）、关于财务和育儿的决定（在有孩子的受访者中占 24%）、伴侣的消费习惯（占 23%），以及重要的投资决定（占 14%）。

我曾为一对夫妻——马克和泰瑞提供服务，他们都有很好的工作。但根据我们的财务分析，他们并没有为退休后的生活存下足够的钱。这二人在他们的 401（k）退休计划[①]中留出了一部分钱。但根据他们过去的收入水平，在退休后他们需要更多的储蓄来获得更多的退休收入，从而才能不改变原有的生活方式。

马克和泰瑞的两个孩子都在私立中学上学，这成了他们存钱的最大障碍。每个孩子每年要花费 3 万美元，这意味着他们需要交纳税后 6 万美元的学费。根据纳税等级，他们收入中的 11 万美元（税后 6 万美元）首先是用来支付学费的——而且在孩子们上大学之前，这笔费用还要再持续 5 年。当然，这些孩子未来很可能去读私立大学，到那时每个孩子每年的学费将会超过 5 万美元。

---

① 401（k）退休计划也称 401（k）退休条款。该计划始于 20 世纪 80 年代初，是一种由雇员、雇主共同缴费建立起来的完全基金式的养老保险制度，是指美国 1978 年《国内税收法》新增的第 401 条 k 项条款的规定，1979 年得到法律认可，1981 年又追加了实施规则，20 世纪 90 年代迅速发展，逐渐取代了传统的社会保障体系，成为美国诸多雇主首选的社会保障计划。401（k）退休计划是一种缴费确定型（DC）计划，实行个人账户积累制，其建立需符合一定条件。该计划由雇员和雇主共同缴费，缴费和投资收益免税，只在领取时征收个人所得税。雇员退休后养老金的领取金额取决于缴费的多少和投资收益状况。

　　我知道我们家所在的社区有非常棒的公立学校，因为我的孩子在那些学校上学。因此，我们探究了为什么这些父母觉得有必要让孩子上私立中学，尽管这可能会打乱或推迟他们自己未来的退休生活。当我们讨论这件事的时候，很显然马克觉得他们必须"跟邻居比阔气"。当和一群很有钱的人一起跑步时，他觉得有必要提一句："我的孩子们上的是波托马克学校"（这是我们地区一所非常有名的学校）。

　　毋庸置疑，这所学校的确是一所好学校，但马克的自负才是真正的问题所在：把孩子送到那所特殊的学校是一种显著地位的象征。而泰瑞，一名成功的律师，在一个中产阶级社区长大，上的是公立学校。尽管担心费用问题，但她还是同意了这个决定。

　　许多夫妻都面临着和马克与泰瑞相似的困境，而且这种困境也不容易解决——尤其是当两个有着同样价值和目标且相互竞争的时候，比如孩子坚实的教育基础和父母丰富的退休投资组合（这里不考虑任何追求地位的动机）。当涉及这些消费决定时，我们很难判断父母双方究竟谁对谁错。

　　合理的支出可以根据支出的优先次序，以及是否符合你的个人财务状况、价值观和目标来定义。如果你是在 60 岁或 65 岁退休，你必须考虑这笔特定的支出是否使你更接近你的目标。如果答案是否定的，你就得扪心自问，这笔支出是否值得我为之付出代价？例如，如果你的孩子（或孙子）的私立教育背景对你来说真的非常重要和意义深远，你可以为此推迟退休吗？不论你回答"是"或"不是"，答案对你来说可能都是正确的；这完全取决于你想用你的钱做什么，以及你能够和愿意为此做出的牺牲。

　　对于每一笔财务决策，你都有一个选择：储蓄或支出。对于每个重要的支出决定，请思考一下：这些支出是否反映了对我们来说什么是重要的？这个决定对我们周围的人有什么影响？我们个人的经济状况是否有能力支持这个决定？这个决定是否符合我们家庭的价值观？通过执行这个决定，我们是否离个人目标更近了？

　　在马克和泰瑞这个案例中，学费开支给泰瑞带来了压力，而马克则强烈认为他们的决定是正确的，应该坚持下去。当我们深入了解后，我们得知马克有一个未言明的后备计划。他提到了未来可能从父母那里继承一笔遗产，他预计这笔遗产可以完全替代教育费用，并为他们的退休账户提供足够的资金。实际上遗产继承很可能要经过一段较长的时间才能得到，并且具有不确定性——但他们继承一大笔遗产的可能性足以让他在晚上做个好梦了。因此，马克和泰瑞决定继续让他们的孩子上私立学校，我们也同意每年为他们评估教育费用和退休所需。

设定目标

在人生的下一阶段，你也许会停止工作，也许会明显放慢脚步。花些时间来思考这一阶段的生活目标：你将如何规划自己的时间？你希望有什么样的生活方式？你的每一天会是什么样子的？把你在特定年份里想做的事情，以及你想为家人做的事情都记录下来。同时，你也应该考虑到随着年龄的增长，生活可能会发生什么变化。你需要为不可预见的事件提前做好准备。

研究人员发现，尽管人们对自己的收入有一个相对真实的了解，但在预测支出时，他们则显得十分盲目。他们往往只关注进账、低估出账，这导致他们对自己的财务状况过于乐观。和财务顾问谈谈你的计划开支，听听别人的意见和反馈。专业的财务顾问经常处理一些收入和支出的问题，所以他们有很多经验来帮助你和你的家人找到正确的道路。

一个强有力的财务计划要将以下的因素纳入考虑范围：每月的开销，例如，住房、食品、娱乐和医疗保险等；为购置新车或房屋翻修的储蓄；退休后计划的额外开支，如旅行或家庭医疗保健；需要支付的税款。你还应该考虑其他的潜在支出，比如为成年子女筹备婚礼的开销，某个孩子的医学院学费或孙子的大学账单。一旦对未来的计划支出有了明确的认识，你就可以思考其他想做的事情以及它们将如何影响你的整体计划。

我记得曾经接到过一个客户的电话，他说他需要从账户中取出35000美元来支付一笔意外支出：他的屋顶破了一个巨大的洞，需要更换。我问他这屋顶有多老，他说："25年了。"我很好奇这笔支出为何属于"意料之外的"，是因为它发生在7月，还是因为他认为屋顶永远不需要更换？我们一定要在规划经常性支出时为那些非经常性支出做好计划，例如房屋和汽车维修。

当我们讨论目标设定和支出计划时，我们真正谈论的其实是生活中需要做出的权衡，而这些反映在你如何使用目前所拥有的收入或资产方面。从本质上说，一个支出计划就是把对你而言重要的东西依次列举出来，帮助你思考所做决定带来的影响。你的选择可以归结为现在消费还是为将来储蓄。

你是否有过这样的经历，当几年后回顾过去做出的某个重大支出决定时，你会不禁发问"我当时究竟是怎么想的？"很多时候，花钱让你心情愉悦。这是匪夷所思的回报……也许直到几个月或几年后，你才会重新理智地思考那一次消费。你可能会超乎意料地做出许多不可靠的支出决定，例如参加乡村俱乐部，划船，为女儿的盛大婚礼花钱，买第二套房子，大笔的慈善礼物或家庭礼物。与评估自己想做什么、制定符合自己价值观和财务目标的支出计划相比，你在财务方面做出的具体决定就显得没那么重要了。

你的孩子也许会向你寻求经济上的帮助来满足个人需求，教会也许会向你要求额外的捐赠，一个朋友也许会建议你们全家一起去旅行，你的配偶也许想购买一艘新船，从而可以让全家人在周末出海玩耍。当你似乎很难对任何人说"不"的时候，挑战也随之而来，这会使你的开销与财力不一致。但是对所有这些事情说"是"会让你更加接近目标吗？这正是前文提到的优先级的本质，我们必须明白，不是每件事情都要排在消费清单的首位。

集中财富来实现目标

当考虑退休后的支出时，明确你的收入来源是至关重要的。这些来源通常包括你的社会保障收入，或者是来自养老金计划的收入以及你的投资组合（包括退休和个人投资资产）产生的收入。

作为一般准则而言，当观察你的投资组合所带来的收入时，我们认为，一退休，你就开始每年固定地从投资组合中取出 4%~5% 的资金来覆盖退休后产生的费用，这能使你在较长一段时间内仍然保持经济独立。也就是说，如果在退休时存了 100 万美元，你每年可以取出 4 万~5 万美元，以支持未来的开销；如果有 200 万美元，你每年就可以取出 8 万~10 万美元。提款金额可能会随着年龄的增长而增加，我们稍后会讨论这一观点。

理解和规划你的收入和支出需求是做出明智投资决定的关键。我们使用漏斗图来说明这一点。如图 1.1 所示，漏斗 1——你的收入漏斗，这是你的稳定收入，包括社会保障、养老金、任何年金收入，以及如果你仍在工作时的薪水（全职或兼职）；漏斗 2——你的投资组合漏斗，反映了你的资产用途。漏斗 1 的收入理应是你生活开支的首要资金来源。如果你有多余资金流过漏斗 1，这意味着你的开销比你的收入要少，那么这部分多余的钱就会进入漏斗 2，并加入你的投资组合中。

有多余的资金流入漏斗 2 是一个很好的情况，但是这种情况很少发生，除非你还在工作或有可观的养老金收入。更常见的情况是，我们客户的支出超过了他们主要收入来源所带来的收入，因此他们需要从投资组合中获得收入。在这时，漏斗 2 开始发挥作用：我们需要进行资产配置，使它们提供一个 4%~5% 的年度收益——这笔金额与漏斗 1 的收入相结合，可以使你在未来过得比较宽裕。这就是退休后经济方面取得成功的关键。

如果过于保守，将所有资产投资于短期债券或低风险资产，就意味着你可能无法在退休后提取所需资金。如果过于激进，则可能会导致你现有的资产损失，这意味着你可能无法以支撑退休生活的速度赎回资金。将流入漏斗 2 的资产进行正确投资，对于你保持心情愉悦、实现长期的退休目标至关重要。

建立投资组合

你应该根据两个主要因素来建立你的投资组合：（1）你能够承担多少风险；（2）你打算承担多少风险。考虑你能够承担多少风险至关重要，这取决于你现在花了多少钱，以及你希望将来花多少钱。

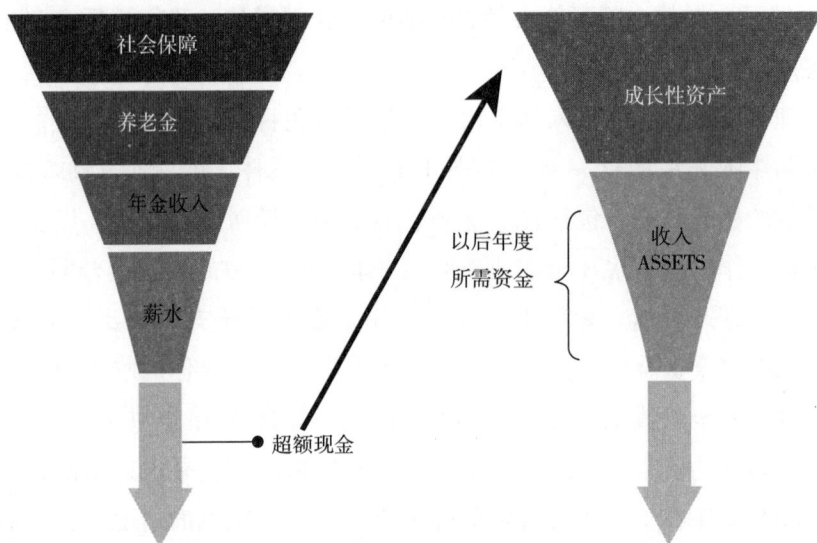

图 1.1　退休漏斗图

你愿意承担的风险取决于你的个人容忍度，而这种容忍度很可能是在童年时期被家庭环境所塑造的。令我感兴趣的是，客户的教育水平似乎与他或她的风险承受能力没有任何关系。并不意味受过良好教育，拥有医学博士或法学博士甚至 MBA 等高等学位的人比只受过高中教育的人更加了解投资风险（因此更能承受风险）。

我的父亲没有读完大学，但他对投资风险十分了解。他是一个了不起的投资者，因为他成长在一个积极且大胆地进行投资的家庭，他是一个优秀的投资学生，阅读了所有经典的投资书籍。我的书架上还放着他的那本本杰明·格雷厄姆的《证券分析》，以及来自他书房里的许多其他书籍。

我的母亲在伊利诺伊州的一个养猪场长大，18 岁时就嫁给了我的父亲——在他们通过相亲彼此认识的两周后。她不像我父亲那样系统地学习过投资，但她对自己的现金流和自己能够且愿意承担的风险有着敏锐而独到的理解。了解这些东西并不需要金融博士学位，但是如果一个有着丰富知识和经验的人来指导你确实如虎添翼。大多数人会惊讶地发现，我 86 岁的母亲投资的主要是一些支付股息的股票，而不是债券。当然，当市场对投资者不友好时，我会接到她的电话咨询，但她的问题与其说是关于市场价值的损失，不如说是确保她的收入安全，以及股息仍能得到支付。

你应根据你预期的现金需求来建立投资组合，把你在未来 8 年内可能需要的金额投资于低风险资产。假设 66 岁退休，那时你就可以开始领取社保和养老金。在我们的例子中，假设你将获得 40000 美元的社会保险和养老金收入，并且除了你的投资收入外，你没有任何薪水或其他收入来源。接下来，假设你每年需要 12 万美元的现金流。

那么，首先要确保你有一个安全可靠的投资资产来源，以支持 80000（120000-40000）美元的额外收入。有两种方法可以做到这一点，而选择哪个方法取决于你投资组合的规模。如果你有一个足够庞大的投资组合，其中的利息和股息等于或大于 8 万美元的收入需求，那么你就可以建立一个基于收入的债券和股利支付型股票的投资组合。否则，你将需要依赖利息、股息以及长期增长。

在一个 200 万美元的投资组合中，我们将分配 64 万（8 万×8）美元用于投资低风险的收益资产（定期存单和债券），其余的 136 万（200 万-64 万）美元用于投资长期增长资产（股票、房地产和另类资产）。这将使 68%的资产处于长期增长状态，32%的资产处于低风险、高收益的状态。尝试把 64 万美元想象成你的雨伞——在下雨的时候你会希望能够得到它。

为什么我们要把你的年收入乘以 8 呢？这是个好问题。多年来我们发现，股市波动是客户最担心的问题之一，如果处理不当，它可能会成为客户投资组合中最大的破坏之一。股市周期（涨跌波动）变化很大，但通常不超过 5 年或 6 年。当处于低迷周期时，对你而言，出售现有的长期投资，以期从损失中恢复过来并维持你的生活是非常困难的。所以我们做了一把"伞"来保护你不受"雨天"的伤害。我们用 8 年的安全资产来建立你的投资组合，这些资产在经济低迷时期也不会面临剧烈的波动。你可以用这些资产来满足你的现金流需求，这样波动性较大的资产可以在 8 年的时间里安全度过这个低迷周期并逐渐恢复。

要想做到经济独立，你需要有足够的安全资产来帮助你度过任何市场周期。如果市场大跌，你希望不会因为大跌而打乱自己的退休计划。历史经验表明，市场会在我们没有预料到的时候下跌。这就是你需要保护伞的原因——你不会愿意被迫在错误的时间出售优质长期资产。而你的投资策略成功与否，将取决于在市场动荡时你是否能够依然坚守投资配置的规则。

在我 30 多年的理财规划师生涯中，我从未见过这样的情况：客户按照我们描述的流程进行投资，然后因投资组合表现不佳而选择短线投资。如果客户在工作期间积累了足够的退休储蓄，但后来却难以维持他们的经济独立，通常正是因为他们意气用事做出了不够理智的投资决定，并以与原定计划不一致的方式过度消耗了资产。

随着年龄的增长，你每年从投资组合中提取金额的百分比可能会增加，因为你的投资期限不再像过去那么长——你需要资金来维持的时间跨度变短了。当然，这取决于你一开始的资产水平。但是当到了 80 多岁的时候，你完全有理由适度放宽一下你的消费方针。通常的经验法则是，在 60 岁的时候每年支出投资组合的 4%~5%，70 岁的时候每年支出投资组合的 5%~6%，80 岁的时候每年支出投资组合的 6%~7%，90 岁的时候每年支出投资组合的 7%~8%。当然人人都期望长命百岁。根据社会保障局的死亡率统计表显示，如果你目前已经 80 岁了，你的预期寿命将接近 89 岁（在美国，男性是 88.20 岁，女性是 89.64 岁）。但是请记住，这些都只是平均值，因此约 50% 的人会活得比预期寿命长。

具有讽刺意味的是，人们通常在 80 岁的时候会开始减少开支。80 多岁的人去非洲旅行，这样的情景是十分罕见的。这个年龄段的大多数人受身体素质的约束不太能够去长途旅行，或者对旅行不感兴趣；他们很少出去吃饭或看戏；相比于追求新的资产，他们更有可能放弃自己享受原本拥有的物质财富。因此在这些年里，支出往往会下降，除非出现一笔巨大的医疗支出，这会使支出再次回升。

我们还发现，在经济不景气的年份，人们会自然而然地减少支出。当市场下跌 10%、15% 或 20% 时，人们的消费行为会自动发生改变。大多数人会选择推迟奢华的欧洲之旅，或者选择不在今年买新车。我在不同的收入和财富等级中都看到了这种情况，即使是那些拥有 2000 万美元或 3000 万美元资产的有钱客户。一次度假或一辆新车，无论多么奢侈，都不会对这些客户的投资组合产生任何意义重大的影响，但可以这么说，他们都会勒紧裤腰带，直到市场复苏。在经济困难时期，人们有一种本能的节约冲动，大多数人都遵循这种冲动。但我使用"大多数"这个词是有充分理由的。

被激情冲昏了头脑

如果每个人都能控制开支并遵循我们之前讨论过的消费方针，过度消费就不会成为退休失败的原因。不幸的是，在收入明显减少后，有些人依然做不到这一点，以至于在这种情况下，成瘾式消费对退休后的生活造成严重威胁。从过于频繁的"挥霍"到成瘾的一种消费模式，购物习惯可以有多种形式，但是随着时间的推移，情况会逐渐恶化。

据某消息来源称，我们每天都会收到大约 3000 份广告，而这些营销信息旨在说服我们：我们需要他们所提供的产品或服务，并进一步证明我们值得拥有。现代市场营销策略在不断地传达一个理念——购物习惯可以影响并体现一个人的性格和生活品质，同时向我们保证，在大众媒体上看到的奢华生活方式是触手可及的，而且信贷也太容易获得了。因此，我们中的许多人陷入过度消费的窘境也就不足为奇了。

有些人似乎无法停止在他们感兴趣的领域花钱——如果这种让你充满热情的东西是昂贵的，那么支出就很容易失控。当提到昂贵的休闲活动时，大多数人应该首先会想到收集跑车、划船和赛马。如果一个客户对马匹和赛马有热情，并且有足够的资金在一开始就放纵自己，那么他就很可能在接下来会有一段持续的支出。如果一匹在过去已经取得一定成功的马不慎在刚要获得想象中的巨大回报之前受伤，那么转而投资另一匹马是很有诱惑力的。回报总是遥不可及的，但人们永远在期待下一匹马将会带来好运。

如果一笔支出不是一次性投资（很少会是一次性的），问题就更复杂了。在我们的赛马例子中，你需要训练师、马夫、骑手、铁匠、兽医和骑师，一些消耗品，比如绷带、饲料和寝具，还有马厩和比赛的报名费等。大多数高风险的爱好都是类似的——相关费用是持续的，你参与得越深入，花费就会越多。

当这个耗费了大量金钱的爱好同时也是你社交活动的中心时，你就容易陷得更深，这种恶性循环就会加强。有时候，这种消费与攀比有着微妙的（或不那么微妙的）关系——当你的朋友和熟人都嗜赌时，你自然不想要输给他们。

有一种方法既可以使你保持热情又会对你的财务支出有所限制，那就是在不完全放弃你的爱好的情况下减少投入。我们的客户对赛马充满热情，他选择持有一小部分纯种赛马的股份，而不是承担全部的所有权责任。通过这种方式，他既保留了股份能够参与其中，又不必对可能失控的成本提心吊胆。

根据不同的活动形式，你有多种选择可以既不用花一大笔钱又能继续自己的爱好：与他人合作，以租房替代买房，或者减少花在爱好上的时间，这些都有助于保持你的计划平衡。

习惯性超支

有这样一类习惯于过度支出的人，他们可能不太有消费热情，而只是持续地花费着超出他们需要或能力的钱。虽然任何一项支出——鞋子、珠宝、家具、音乐会、高档餐厅用餐、度假——可能都是合理的，但随着时间的推移，消费模式可能会成为一个问题。有些人似乎天生具有"超支"的个性特征，他们一点儿也不担心大量的现金流出，即使这些支出在我们大多数人看来已经属于过度支出。只要资金流入远高于资金流出，这可能就不是问题，但是当收入下降、支出无法控制时，困难就会迅速出现。

专家们描述了一系列与金钱有关的行为和态度，从健康型消费者到问题型消费者再到上瘾型消费者。购买的行为可以被当作一把保护伞——人们用它来让自己平静下来，让自己感觉良好。对于这些花钱的人来说，购物可以改善他们的情绪，缓解无聊或焦虑的感觉。

放纵自己（或他人）会让这些挥金如土的人短暂地感受到自我价值，因此他们可能会在服务和物质商品上超支。通常情况下，丈夫会在妻子和孩子身上过度支出，而女人则会在丈夫、孩子和朋友身上过度支出——这种类型的礼物感觉上是可以接受的，因为它们表达了对家人和朋友的爱，而且这种礼物给予的方式被社会广泛认可。事实上，对你所爱的人慷慨并没有错。健康消费行为的关键指标是物品的价格轻松落在你设定的预算之内，而不至于替代其他优先事项。

> 根据《金钱》杂志的一项调查，22%的人曾经有过其配偶不知道的支出。对女性来说，那些秘密支出是衣服、鞋子和给家人或朋友的礼物；对男性来说，秘密支出一般是为了兴趣爱好和电子产品。

有时候，夫妻之间复杂的动态关系会让关于消费模式的沟通变得更加困难。在一个特殊的案例中，已婚客户在开销、经济利益和年龄上有明显的差异。弗雷德娶了一个比他小十几岁的女人，这是他的第二次婚姻。弗雷德为他们的婚姻带来了大部分资产，对他们的投资组合非常了解，而他的妻子莎伦却对金融事务丝毫不感兴趣。然而，尽管他们退休时已经有了相当多的积蓄，莎伦毫无节制的消费习惯最终还是会给他们带来大问题。我们的分析显示，在未来12年到14年，这对夫妇将不得不大幅缩小他们的住房面积，降低他们的生活水平。这个问题最终很可能是莎伦独自面对的问题，因为从统计数据来看，她很可能比年长的丈夫活得更久。

尽管我们就过度的家庭开支与弗雷德谈了几次——他独自参加了我们的咨询会议，但莎伦的开支仍在继续，他明显地感到无法影响莎伦的行为。最后，他放弃了。因为他们都保持健康，弗雷德和莎伦的未来会怎样还不确定，但是他们迄今为止没有采取任何有意义的方式限制他们的开支，他们目前的情况也不可持续。如果他们没有找到一条更平衡的道路，到了晚年，就可能会发现他们的钱已经花光了。

这种情况可能会给幸存的配偶敲响警钟，因为他们过去可能没有意识到，当配偶去世时，福利会大幅下降。当配偶去世时，社会保障金可能会减少三分之一，未亡配偶的养老金可能会减少一半或三分之二，甚至根本没有。如果未亡配偶以前没有参与过关于家庭财务问题的讨论，那么突如其来的收入减少可能会使其感到震惊。

当慷慨误入歧途

尽管看起来有悖于常理，慈善捐赠也可以代表一种过度支出的问题形式，并且非常难以解决，因为它是我们人性中最美好的一面——在世界行善的愿望，与那些不幸的人分享我们的财富。为一个有价值的事业做一大笔捐赠，例如资助癌症研究、资助文化机构、为一个饱受战争蹂躏的国家提供医疗援助的感觉很好，并且会为你带来来自组织和同行的赞扬。

但是，有些人即使在他们的收入显著减少的时候，还是觉得有必要捐赠自己的部分财富。在这种情况下，每年进行大笔捐款会在某种程度上影响你的投资账户，最终使你变得脆弱，难以抵御未来的风险。不像其他形式的支出——比如可以用卖掉的度假屋来获取资金，慈善捐赠这笔支出永远无法收回。

我们有一位客户，他多年来一直致力于几个慈善事业，他因在这些慈善事业中所做出的贡献而广为人知并受到尊敬。他觉得非常有必要继续按照他过去几年积极工作时那样的水平保持每年的捐赠。但是他的收入已经大幅下降，而且他慷慨的礼物意味着从这对夫妇的投资组合中提取的资金超过了我们的预期。

尽管这对夫妇很清楚他们在退休前设定的高水平捐款所固有的危险，但他们还是选择继续捐款，这已经危及他们的生活方式，最终给他们的个人健康带来了负担。减少捐赠的方式显然对他们是最有利的，但是他们不愿意，或者可能感到难以妥协，哪怕这种消费仅仅让他们自我感觉良好，并有助于保持他们的身份。

不要低估退休后保持身份的重要性。当你从多年的积极工作和抚养孩子过渡到一个更加以自我为导向进行活动的时期时，你很容易失去自我意识。有些人试图通过保留退休前那些定义了他们生活基调的活动或模式来保持他们的身份感。但是正如我们将在本书中看到的，避免退休失败，在一定程度上取决于从工作到退休阶段的顺利过渡，在过渡中你可以找寻新的方法，为自己的生活树立目标和增添成就感。

控制支出

评估哪些是必要支出是控制不必要支出的最好方法之一。如果你有伴侣的话，和他/她坐下来，制订下个月的开销计划并坚持下去。把你所有的必需品都准备好，为一些意料之外的开支和一些款项留一些缓冲，但是请务必记住，这个练习的内涵是如何控制你的开支，并按照你的最终目标进行优先排序。虽然预算这个词听起来已经过时了，但跟踪你的支出，了解哪些自由支配的支出正逐渐失去控制，可以帮助你做出明智的决定，决定你应该为哪些项目或经历留出充裕的钱。

然而，对于那些习惯于过度消费的人来说，仅仅通过早上不喝拿铁咖啡或者把名牌套装放回售货架上是无法解决问题的。我们应该着眼于更大幅度的行动上，比如卖掉实际超出你预算的房子，或者放弃昂贵的家庭旅行。用理智的目光来审视你的整体情况，然后做出一些相对艰难的选择。

对少数人来说，花钱是一种彻头彻尾的瘾，就像酗酒或吸毒一样，就像有些人去酒吧喝酒，喝得酩酊大醉一样，有些人不得不为了过瘾而拼命购物。逐渐恶化的长期过度支出会严重危及这些人的退休生活，因为他们的资产正以一种难以持续的速度在减少。一些乱花钱的行为可能真的有潜在的情感或心理原因，那些意识到了这种情况但仍不能控制自己的人应该考虑向专门治疗财务紊乱的心理医生咨询。

幸运的是，大多数过度消费的人并没有那么极端。正如我们在这一章的开头所看到的茱莉亚一样，许多人只是习惯了这种生活方式，继续自由地消费，即使他们的收入和资产水平无法维持这种支出。了解自己的收入状况、资金流向，制订退休计划可以帮助你做出财务决定，为你的退休生活打下坚实的基础。

> ### 给过度支出者的几点建议
>
> □ 制订一个好的财务计划，列出你的目标，准确估计你的支出，明确哪些开支是安全的，并为紧急情况做准备。与理财顾问合作，有助于得到与你所能负担的支出和如何明智地投资相关的有益、客观的建议。
>
> □ 如果有必要，缩小规模。通常情况下，如果你的资产已经缩水到一定程度，在利润上修修补补对你的整体财务状况没有帮助。也许是时候搬到一个更小的房子里，采取一种符合你实际预算的生活方式了。
>
> 继续工作一段时间。当然，与削减开支相反的方法是带来更多的收入。延长工作时间，或者退休后重返工作岗位，可以带来额外收入来满足你的开支需求，还可以帮助你重新积累退休资产；而你越晚退休，你所需要的储蓄就越少。

　　□ 考虑用其他方式来享受你的激情。正如我在 SBSB 的合伙人吉姆·布鲁耶特所说："不要买船。交一个有船的朋友。"判断一下哪些支出能够真正给你和你的家人带来持久的快乐，哪些只是昙花一现。你通常可以用其他的方式来享受你想做的事情，比如以租赁代替购买或者与朋友分享——又或者交朋友。

　　□ 如果你的支出真的失控了，请寻求专业帮助。当你尽了最大的努力，似乎仍然无法坚持合理的支出计划时，请考虑向专门研究财务行为紊乱的心理医生寻求帮助。

第二章　适应空巢

我的老顾客劳伦，在一个早晨惊慌地打电话告诉我，她和她的丈夫约翰接到了儿子杰弗里的紧急求助电话。杰弗里夫妻的两个上私立大学的孩子学费即将到期，因此他们需要一笔钱来支付账单。如你所想，劳伦心急如焚，因为她知道教育对她孙辈们的未来有多重要。但可惜的是，这并不是我们第一次接到劳伦这种类型的电话。

这个故事有意思的是，劳伦和约翰的儿子是一名非常成功的律师，他五十出头就已经住上豪宅，经常旅行，喜欢在湖边的房子度假，并且对家庭参与的教会十分慷慨。多年以来，父母总是在杰弗里财务出现困难时提供帮助。如往常一般，劳伦问："格雷格，你能在接下来几周的时间里帮我办成这件事吗？学费7月底就要到期了。"我答道："可以的，劳伦，我们当然能做到。"接着我委婉地建议我们可以写张借条，这样杰弗里就有偿还的义务。但我们通常得到的回答是："借条就没必要了。一旦孩子大学毕业了，他们一定会还的。"

我解释道，如果劳伦和约翰在钱还没还上就去世了，由于对杰弗里一家的过多赠予，其他孩子继承的遗产就会减少。我问劳伦和约翰："这是你们想要的结果吗？"他们明白了我说的担忧，之前也已经告诉我，他们想要公平地对待自己的孩子。尽管第一次打借条仿佛显得当孩子有困难时，他们不够慷慨，但这最终对他们来说是有意义的。

啃老族

当谈到"不会空巢"时，我并不是说孩子是真的不会离开家的，尽管说实话，对于一些家长来说这也是个挑战。我在这里想说的是孩子们应该自力更生而不是不断榨干父母财产的情况。我见过很多次这种情况：成年的孩子，甚至已经四五十岁、拥有高学历，仍然在以父母难以承受的程度啃老。

事实上抚养孩子确实对个人财富累积具有消极影响——那些小小的快乐代表着一大笔钱（不仅仅是食物、服饰、娱乐和教育的开销，还有收入的减少）——父母一方或者双方为了照顾孩子而不得不削减创收活动，至少暂时地导致了他们财富增长的机会减少。根据最近的报告可知，中层收入的夫妇如果抚养两个孩子，以 2015 年出生的孩子为例，他们需要为每个孩子花费 233610 美元。然而这还只是到 17 岁时的费用，也就是说大学的花费并未包含在内。

但是，我们不能也不应该带着偏见的眼光对待孩子，总是想着得为他们花多少钱。我们深爱并支持他们，希望他们能够幸福快乐。这才是好父母该做的。真正的问题是我们应该资助他们多久，资助到什么程度？过度资助给我们和他们带来的结果又是什么呢？

皮尤研究中心 2013 年主导的一项调查显示，在 40 ~ 60 岁的人中，有 73% 的人在过去一年里为成年子女提供过经济资助，而超过半数的父母是孩子的主要经济来源。一些人的子女在上学，但超过三分之一的子女没有。2008—2009 年的国际金融危机和经济衰退，还有随之而来的经济萧条，的确是造成年轻人需要父母更多支持这一现象的部分原因，但文化也发生了变化。许多家长，尤其是富有的家长，在不经意间就给孩子们创造了特权感。孩子们一直处在接受父母慷慨赠予的情况下，并且他们不明白为什么要改变这个状况。

> 道明银行的一项研究表明，女性比男性更有可能用金钱来宠爱孩子，42% 的女性这么形容自己，而男性的这一比例为 28%。

成年子女给父母造成经济压力的主要原因有四个。某些情况是不可避免或是暂时的，然而另一些却更容易控制，至少在理论上如此。我们将逐一讨论这些因素，然后讨论一些需要注意的问题以及解决问题的方法。这四个主要原因分别是：因孩子生病或残疾而需要的资助；对教育的过度关注，尤其是私立学校和精英学校；孩子生活环境的变化；孩子不够独立。每种情况对你的资产和退休计划都有着不同的影响，每种情况都需要不同的解决办法。

生命的轮盘赌

孩子与生俱来或是后天发展的生理、精神或是情感上的需求，又或是可能遭受一场不可预测的意外，都需要他父母提供比其他子女更多的资助。当然，必要的资助基于特定的情况而不尽相同。尽管已经成年，有些子女会要求父母继续提供不同程度的经济资助，甚至在父母去世后仍然依靠他们。

为具有特殊需求的成年子女继续提供支持是父母必须考量的因素，无论你退休与否，财务规划师能帮助你找到确保你孩子未来生活的办法。与财务专家坐下来，制订一个强有力的财务计划，说明你可以提供的帮助，以及孩子可能拥有的其他收入来源，这是良好的第一步。

信托基金是我们推荐给那些想要保障孩子们的未来经济状况保持良好的父母的工具。你可以建立一个信托，它可以根据你的意愿运作，任何你想留给孩子的遗产都可以被加进信托。你不妨根据你的财产和你孩子的需要，建立一个特殊需求信托，用以补充政府或私人补助。确保你的财务规划师和财产律师都参与到你的决定中，使得计划构思良好，财政状况最佳。重要的是要看看你真正能贡献什么，并根据这个数字的实际情况进行计划。

一定要上名牌大学吗

我们已经习惯于相信教育非常重要，它的确很重要。整个职业生涯中，大学毕业生比高中毕业生平均多赚66%，而且他们失业的可能性更低。从整个生命周期的收入来看，拥有学士学位的人大约要比学位低于他们的人多赚 100 万美元。

但有时，对教育过多投资也有可能会对你的退休账户和孩子的幸福造成一些损害。正如我的同事加里·英格拉姆对他客户所说的那样，"退休后没有奖学金"。你的孩子可以通过助学金、贷款和奖学金来抵补学费，但是你在退休后没法产生基于需求或奖学金的收入。你的孩子还会有很多年的时间来偿付大学时期产生的账单，但如果你为孩子支付高额的学费，那你只剩下有限的几年时间来弥补退休储蓄的缺口。

帮助孩子支付高等教育的学费是个让人钦佩的目标，也是值得的投资。根据你自身情况，你可能给孩子提供很多帮助。但是，当你和你的孩子考虑上大学的事时，你要明智地考虑自己能够做出的贡献大小，并且要小心不要因为支付了一大笔学费而损害了自己的退休储蓄。你的财务顾问将会和你一起制订一个计划，帮助你确定教育开支对你整体财务独立性的影响。没有对与错，重要的是你要清楚地了解欲望所造成的影响并做出权衡。

有税收优惠的教育计划，比如 529 计划（之所以这么命名，是因为他们是根据《国内税收法典》的第 529 条被批准的），是让你能深思熟虑地节省孩子大学支出的工具，并且从 2018 年起，K–12① 私立学校也是如此。如果你能负担得起 529 计划，我们建议把大学教育预期花费的 90% 存进账户。举个例子，如果你预想你孩子高等教育的花费为每年 2.5 万美元（四年为 10 万美元），那试着逐渐在这个计划中投资 9 万美元。

我们希望 529 计划的资产能和学费增长的速度一样增值，甚至增长得更多。每年你都应检查一下账户，看看是否需要做些调整。

为什么只储蓄 90% 呢？我们的建议是为了确保你不过多投资于 529 计划，因为如果你把钱取出来而不用于后续教育支出，将会产生一笔令人不悦的税收。如果 529 账户的投资有不错的收益且增长到比你所需资

---

① 译者注：K12 或 K–12，是 kindergarten through twelfth grade 的简写，是指从幼儿园（Kindergarten，通常 5~6 岁）到十二年级（grade 12，通常 17~18 岁），这是美国、澳大利亚等国家免费教育头尾的两个年纪，此外也可用作对基础教育阶段的通称。

金还要多时，或者是你孩子获得了奖学金而不需要全额学费时，又或者是你的孩子没上完四年大学时，90%的额度都能提供一个缓冲。

如果你的孩子还小，你可以认真想想，精英幼儿园、多年的私立学校和昂贵的大学教育是不是你和你孩子的最佳选择。有时，父母对于"想要成功孩子就必须从头至尾都接受精英教育"的想法太过于痴迷，以至于没能认识到他们的孩子也许不能在这种竞争环境下好好成长。好消息是，如果你的孩子上的是 K-12 私立学校，2017 年的减税和就业法案允许你每年从孩子的 529 计划中拿出 1 万美元作为学费。大多数州对529 投资计划提供税费激励，因此，除了账户复利的税费减免外，你还可以节省一部分州所得税。

我们的顾客艾萨克和莉莲非常希望他们的儿子杰森能上一所常春藤大学。他们认为常春藤学校才是他们孩子该去的地方，任何别的大学都不行。我试着在全程指导他们，询问他们是否了解孩子对什么感兴趣和孩子想去哪儿上学，但是他们却肯定地认为孩子太小，还不明白上一所著名私立大学的重要性。

杰森最终上哪读大学了呢？他听从了父母的选择，去了一所常春藤大学。但糟糕的是，这所大学不是很适合他，结果就是他过得很糟糕，成绩也很差。几个学期之后，他父母不情愿地把他带回了家。因为杰森住在家里不开心，对他溺爱（如今很担忧）的父母把他安顿在一间公寓里。杰森没有钱，因此他父母又在他试图想做点什么的这段时间一直资助他。

尽管杰森的父母很爱他，全心全意为他着想，但这些有力的支持都太容易变成永久性支持。我们经常看见这种模式，但这却不是最终对父母和孩子有利的模式。当孩子们考察学校、选择职业、考虑搬家和其他重大人生选择时，他们当然会从你的关注与指导中受益，但最终还是得他们自己来面对。

不过，别为杰森难过得太早。我很高兴地告诉大家，他最终回去上学了，去了一所非常春藤学校，尽管他花了几个学期才把基础补牢，但他觉得这所大学非常适合他。他毕业了，现在正在这个世界里开辟自己的道路。我很好奇当他的孩子要上大学时，他会给他们提供什么样的建议。

崎岖之路

尽管子女成年离家并且在外面过得很好，由于受到环境的影响，他们可能再次需要你的帮助：可能子女失业了，需要短暂的支持；也可能是子女离婚，对经济造成了严重破坏。尤其是子女成了全职父母，没有大量工作经验或是承担着很多家庭责任时，成年子女的父母可能需要或是希望能够参与并提供帮助。尤其是有了孙辈时，这种感觉变得格外迫切。

然而，当孩子们逐渐经济独立时，这样的帮助可能会使情况越来越糟。你能提供多少帮助取决于孩子的特殊情况和你自己的经济能力。有借有还的资助通常不是问题，毕竟每个人都有需要帮助的时候，大多数人的财务状况都会遭到一些打击，而不是那些过于频繁，或是由短期变成终身或是接近终身的帮助。

当遇到成年子女正在经历挫折的父母时，我们会尽力帮助他们找到他们能安全给予资助的方式。比如，德尔和路易斯有一个女儿，她的孩子患有自闭症。他们的女儿雷切尔，因为孩子的原因没法工作，整个家庭处于挣扎的状态中。德尔和路易斯正在提供经济资助，但路易斯一直都是个全职妈妈，夫妻俩的退休金也不足以长期维持这样的资助。

经过一系列的讨论和分析后，我们最终想出了一个办法。德尔和路易斯把房子卖了，然后换一个离女儿家很近但是更小的房子。卖房听起来像是很艰难的一步，但对他们来说，这是能实现清单上大多数目标的方法。这样德尔和路易斯能更好地给女儿家提供经济帮助，而不至于威胁到他们自己的未来，同时他们还可以给予更多的情感支撑，也能更好地照顾孙子。当路易斯帮着做更多的日常护理工作时，雷切尔能重返工作岗位了，这也能改善她家的经济状况。

制定一个现实的财务蓝图，然后讨论优先事项，创造性地提出解决方案，可以产生很好的结果，就像这个家庭一样。然而，在其他情况下，经济状况可能更加糟糕，各方更加难以妥协。

不愿放手

不独立的孩子可能是一个最大的群体，当然，这个现象影响着我们许多顾客，也影响了全国各地的人。好消息是，与意外事件或者困境不同，这是作为父母能够掌控的领域。只不过你需要掌握这种控制权，在孩子还小的时候开始是最容易的，让他们知道你希望他们长大以后能自给自足。但对于即将退休或已经退休的许多人来说，让孩子意识到经济独立的重要性就太迟了。

当遇到正处于财务困境的家庭时，我们需要进行一场艰难的谈话。典型的是，父母中一方或双方总会告诉我："这些日子对孩子来说更是艰难。看看现在的房价有多高，看看车子有多贵，约翰尼还这么小（当时约翰尼已经35岁了），要是没有我们的帮助，他怎么能买得起啊。"父母总是认为孩子需要他们的帮助。他们以为，如果自己不提供帮助的话，孩子就不能过上自己这样的生活。当然，孩子是父母的亲生骨肉，父母珍爱孩子并希望孩子能够幸福是理所当然的。

对我们来说，不干预孩子的决定是件困难的事情，即使他们已经到了上大学的年纪或者更大。我也曾经如此。我的女儿丽萨，辞职后买了张去东南亚的单程机票。她说："我累坏了，需要休息一下，所以我准备去泰国。"我没试着劝她留下，也没劝她再找份工作。除了祝她一路顺风和询问圣诞节准备如何度过之外，我什么也没做。

当我讲述这个故事时，大家都惊叹于我竟然让当时只有25岁的女儿只身一人前往泰国。尽管她很年轻，但她是个成年人，她可以自己做决定。当然，当我好几周都没有她的消息时，我既担心又焦急。但这是属于她的冒险，不是我的，而且这对她来说会是很棒的经历。她畅游泰国，乐于学习与她成长之处完全不同的文化，遇见了许多有相似经历的人，并且真正地学会了依靠自己的资源。最终，她回家了，做好了重返工作的准备。如今，她定居在大开曼岛，教会计学和经济学，过着很好的生活。

我能为丽萨做的最好的事情就是给她自由，让她去找寻自己的路。她聪敏而富有才华，我相信她一定能成功。不过我一点儿钱都没给她。我朋友问："她怎么能做到呢？"我回答："这就是她自己的事了，如果她做不到，她就会回家找工作。不过她完成得非常好，并且这才是我分享这个故事的重点：我的女儿成功地做到了。你的孩子也一定可以不需要你的帮助就能成功。"

有时，父母过于执着地认为他们对子女来说是如此的重要，以至于孩子没了他们不行。他们总想掺和，但比起鼓励孩子依赖你们，有更好的办法让你们融入孩子的世界。

我在 SBSB 的一位同事，芭芭拉·斯凯尔霍恩指出，当父母无法拒绝他们成年孩子对金钱的要求时，通常是因为父母非常想取悦孩子。"他们希望孩子能够爱他们，认为自己是好爸爸或好妈妈，"芭芭拉说，"当然，每个家长都希望如此，但当这种渴望过于强烈或是这种关系失去了平衡时，就会产生矛盾。"

基于这点，有两个独立的问题：（1）你给孩子的钱会有损你的财务健康和未来吗？（2）你给孩子的钱真的能帮到他们吗？如果孩子有健康问题或是其他困难，就另当别论，但通常孩子是否依赖是基于父母和孩子之间的动态关系的。

如果你给的钱不多（或是你很富有）不会对财务状况造成影响，那你可以继续资助。但对于大多数人而言，情况并非如此，资助金额很大并且影响显著。即使付得起这些钱，你仍然得回答第二个问题：你允许孩子一直依赖你，这真的是在帮助孩子吗？

是否有损于自己的未来

成年人的世界很难，所以许多家长想方设法为孩子减轻负担。他们不愿意自己的孩子在逼仄的房间里吃泡面（尽管他们自己也过着这样的生活），所以直到孩子能站稳脚跟前，他们一直提供经济资助。当孩子们不能迅速解决问题，或者根本不解决问题，或者当父母的付出威胁到他们自己的经济安全时，问题就出现了。大多数临近传统退休年龄却仍在工作，并且不得不工作更长时间的夫妇，仅仅是因为他们为了照顾孩子而花了太多钱。

> 现在和父母同住的年轻人比 1880 年以来的任何时候都要多。在 18~34 岁的人群中，超过 32% 的人与父母住在一起。

更成问题的是，一些年龄较大的孩子，即使到了四五十岁或者 60 岁还继续依赖父母。在某些情况下，孩子们可能根本没有意识到他们给父母带来的经济损失。他们认为父母有足够的钱去生活，他们从未停下来想想父母的财富是否会用光？总是给孩子提供资助的父母也许不愿意但也不能拒绝孩子的财务请求。

当你决定要不要帮助解决孩子的财务危机时，想想这个决定可能带来的所有结果，尤其是你不希望发生的结果。比如，你可能永远都不希望依靠你的孩子，不希望孩子需要改变自己的计划才能在以后的生活中照顾你。一旦你清楚了你想避免的最坏情况，你就可以确保你正在朝着你想要的结果前进。如果花一大笔钱来帮助孩子实现即期目标会危及你的长期计划的话，那么你的这个决定可能会降低你和你孩子未来的幸福感。

无论财务境况如何，我们都得评估我们目前所拥有的，并优先考虑我们的目标。从一些数字开始，想清楚你拥有什么和希望得到什么，然后围绕着这些去努力。和你的财务顾问开诚布公地谈一谈，他在预测你想做的事情的成本方面很有经验，可以帮助你了解你可能需要做出的权衡和实施你的优先事项。

无论收入、财富水平如何，所有人都应该评估自己消费习惯的影响。把你的优先事项列下来：我想保持财务独立；我想每年都来场美好的旅行；我想替孩子付房租，如果他需要的话。如果你负担不起你想做的所有事情，那么就要明确哪一个才是最重要的。归根结底，帮助家人往往比其他事情更重要。

在大多数情况下，父母和孩子最终想要的事情都一样，只是需要在如何实现上达成一致。过去，只要露丝的女儿海蒂有金钱上的需要，露丝总会给女儿一大笔钱，露丝基本上总是给海蒂一张空白支票。但当我和海蒂谈过之后，当然这是在露丝的允许下，他们达成了共识。

我问海蒂，当她妈妈的资产耗尽而不得不售卖房子时，她是否愿意和妈妈同住。这使讨论有了新动向。海蒂真的没有意识到，妈妈的慷慨赠予会危及她的财务状况。自从露丝的丈夫去世后，她的收入就大幅减少，因为她只能拿到夫妻俩获得的社保和退休金的一部分。但只要露丝不把钱都给海蒂，露丝的财务境况还不至于太糟。

我们都希望露丝能够开心，并且生活得很好，最终不用和海蒂住在一起。考虑到露丝的财务状况，我们达成每年给海蒂一小笔钱的协议，并且这效果很好。

我也遇到过一些没有达成一致的情况，主要是因为偶尔会有一个孩子认为他的优先事项才是最重要的。如果你的孩子很固执，父母又一直妥协，尤其是单亲家庭的父亲或母亲，在没有别的精神支柱时，遇到这种情况，很可能选择花费金钱以试图安抚孩子。

对于孩子们回来按需讨钱的情况，我们使用的其中一种策略是为孩子们创建一个信托账户。这样父母可以对孩子说："这就是你能得到的全部了。信托基金每年会划分一笔资金到这个账户，但你不能再回来索要更多。"在最近的一个例子里，这个办法并没有阻止孩子回来要钱，但我们的顾客却可以通过表明"不，我们都同意了这一金额，这次只能拿这么多"来拒绝孩子。

我们也曾帮父母让孩子写借条，并正式确立了这种关系。借条是白纸黑字的，写着偿还预期，包括像账单一样发送的发票，这些都能成为预防孩子不负责任地索要更多钱的强大动机。哪怕孩子没有能力偿还，贷款也能成为部分遗产，这能帮助缓解与其他兄弟姐妹的紧张关系。相信我，如果家庭里其中一个孩子从父母那里索取并获得大笔资金，其他孩子会心理不平衡的。贷款协议可以减少对其他孩子的财务影响，并消除父母为孩子提供大量金钱时可能引起的厌恶情绪。

这些方法可以提供结构和问责，防止退休账户在无意中被成年子女掏空。即使不是所有的事情都精确地按照计划进行，这种结构也创造了一种审慎感：如果资金流出被记录为贷款，或者受到信托或其他协议的监管，就更容易被监测并发出警告信号。

我真的是在帮助孩子吗

即使你拥有全世界的财富，我也不会建议你将钱毫不犹豫地给孩子。他们应该知道金钱和辛勤劳动的价值，也要明白在财务方面的责任。孩子们不到 18 岁就会突发奇想：对，我应该找份工作然后养活自己了。大多数孩子既不贪婪也不自私，即使是看起来老向父母索取的那些人。是父母造成了这种局面，他们抚养着孩子（有时甚至过度抚养），而他们却没有向孩子展示买得起这些东西的条件，也没有让孩子自己负担试试。

通常，"权利"是刻画每代人的特征。一代人是白手起家的，他们之所以成功，是因为他们秉持着努力工作、奉献和自力更生的价值观，但后来他们想给孩子自己所没有的东西。许多五六十岁的人出身蓝领家庭，但他们现在发展得很好，想要把孩子送到私立学校，确保孩子们能拥有更加舒适的生活。

我称它为权利，但仅仅是这些父母没有向孩子灌输他们从小就知道的价值观。孩子不一定被宠坏了，他们只是不明白，父母想要他们过上的那种生活，需要付出多大程度的努力或接受多高程度的教育。

孩子们大学毕业后希望能拥有像在家时一样的生活方式，但他们还没有建立自己的经济基础。父母看到孩子的处境，于是表示："好吧，我的孩子没法偿还抵押贷款，也没法承担我孙子的学费，我得为他支付。"这些父母不是在帮助孩子节省开支，他们没有让孩子学会怎样依靠自己赚取的钱去生活。

如果你的孩子还小，让他自己做一些财务决定，哪怕出错了也不要紧。不要为他们的错误决定买单。例如，不要因为他们用光了储蓄就干预或是帮忙支付他们想要的东西。别急着帮助他们解决财务问题，也别有求必应，这样他们永远也学不会节约。我知道，这很难，尤其是当你住在富人区，周围的父母都给孩子买新潮的电子设备甚至配备昂贵跑车的情况下。

我的孩子是听着我的童年故事长大的。我在匹兹堡长大，就读于附近的公立高中。我的父母坚定地认为他们的四个孩子将来都会上大学，并且他们成功地实现了此目标。他们买不起跑车给我们，也没法送我们上私立学校。四个孩子都得在上学之余打工赚钱，用来支付书本费和生活费，但一切都很好。这对我来说很正常。

过去的20年，我住在弗吉尼亚州麦克莱恩的一个不错的社区里。当我的儿子大卫快16岁时，他的朋友们开始开车，许多朋友的父母也给孩子买车了。这没有什么问题。再买一辆车能给家人带来许多便利。不过，在我成长的过程中，我的父母没有给我买过车。同时，我也一直告诉我的孩子们："我会给你们提供所需要的食物、衣服、住宅、书籍、教育等，但我不会给你们买车。"

大卫16岁时就拿到了驾照。我们告诉他，如果家里的旅行车空着的话，他可以开。一天他过来和我说："爸爸，去看下车吧。"我回答："酷，走吧。"

当我们坐进车之后，我问他："你有多少钱？"他表示疑惑，我接着说："你有多少钱可以用来买车？他们不会平白无故把车送给你。"他脸奄拉下来，说："爸爸，我以为你可以帮我。"我回答他："好吧，我大概可以借给你车款的50%，但你得在三年内偿还。"最终，我们下车了。

这是有关我想传授给孩子们原则的速成课程。我希望他重视自力更生，并理解量入为出是很重要的，无论这些方式是什么。所以当旅行车空着的时候他就开旅行车。最终，大卫把这情况转变成自己的优势。他管旅行车叫"大宝贝"，我听见他和朋友在商量去哪时说："让我问问我的家人，看看能不能把'大宝贝'开走。"

我分享这个故事是因为我知道拒绝孩子有多难。我也曾经历过，我了解这种情形。我们希望能让儿女快乐，希望成为他们的朋友，希望他们能够喜欢我们。说"不"会危及这种关系，我们大约就是这么想的。

我并不是让你别给孩子买车，也不是针对任何具体的项目，但是当孩子还是孩子的时候，设定界限是很重要的。当孩子还小的时候，和他们开诚布公地谈一谈，设定他们的期望。神奇的是，如果你今天问我 30 岁的儿子关于那次经历的感想，他会告诉你，我当时不买车的决定对他来说是好事，给他传递了关于独立和自力更生的重要性的强烈信息。从长期来看，拒绝买车的决定增强了我们的关系。

许多家长认为，他们的经济状况更好，所以有义务帮助孩子。但我建议，他们应该尝试让孩子自己做决定，并承担后果或享受成功。孩子们需要懂得生活的现实，否则有一天当父母不能或者不再想提供帮助时，他们会发现没法照顾好自己。

在合适的时机，在孩子们合适的年龄，和他们分享一些你的财务困难。稳定固然重要，但孩子们也需要学会如何努力应对挑战，包括财务挑战。父母们应该分享他们面临的困难，这样孩子们才能明白这些都很正常，明白这就是人们生活的方式。

别给孩子创造泡沫，尤其是当你财务状况优良时。你的孩子应该明白世界上仍然有许多人拥有的远没有这么多，他们却努力许多倍。帮助他们区分必需品、非必需品和奢侈品，并根据自己的能力选择必需品。上班的出行方式很重要，但没必要开着保时捷 911 去。

有时，失调的消费模式源于潜在的个人和家庭因素，而且这些问题能追溯到你的童年或者是前几代人建立的模式，也就是你的祖父母的态度和决定可能会对你父母和你的生活造成影响。即使这些问题与财务相关，他们有时却会造成更深层的问题，远超我们财务顾问所能和应该解决的范围。在这种情况下，尤其是当有一个复杂的家庭动态和长期以来轻率的财务行为的时候，我们可能会建议这个家庭从顾问那里获得一些帮助。如果有必要的话，向专业人士寻求建议，以一种清晰的方式审视你的财务状况和消费习惯，他们可以帮助你克服可能阻碍你和你的孩子建立稳固财务基础的个人或家庭方面的障碍。

削减给孩子的资助

如果你的孩子从小到大都在你的慷慨中受益，他们可能认为你的贡献是理所应当的，而且可能也不知道这笔钱的总和。如果是这种情况的话，你有责任让他们意识到并逐渐减少对他们的帮助。

当孩子们还小的时候，或在他们十几岁或在上大学的时候，你可以坚持让他们为自己想要的东西付钱，而不是你不断提供他们需要的东西。从需求中分离欲望是他们能继续受用一生的练习，在经济困难时期尤为受用，比如退休或创业阶段。让孩子们好好想想他们需要某物的原因和他们能为此支付多少钱。知道如何界定哪些是奢侈品，以及在必要的时候知道如何不需要它们而生活，这是一个终身受益的技能。

如果你还在给 20 多岁甚至更大的子女源源不断地提供资助，那是时候该停止了。综合考虑你每月或每年的经济援助，确定你将开始削减哪些开支。比如，你可以把孩子从你的资助计划中移除开始，或者你可以把车款转移给孩子。不要一次性削减所有的开销，而是希望子女在一到两年内能逐渐承担起自己的财务账单责任，这取决于你所提供帮助的数量。制订一个计划，随着时间的推移，将代孩子支付的所有款项（车辆、保险、房租、大学贷款、杂费）都转移给孩子。

把自己看成孩子的安全网，而不是永恒的资助之源。不给孩子提供资助确实有助于保护你的退休资产，但更重要的是，它能增强孩子独立自主的能力，有助于他们充分做好准备以迎接未来。

家庭送礼和贷款的小贴士

□ 礼物的数量和时间都要随机，这样孩子们就不会觉得自己有权得到这些礼物，或者开始依赖现金。

□ 不要在礼物上附加条件。如果你选择给你的孩子钱或有价值的东西，自由地给予，不要利用这些礼物来操纵你的孩子。

□ 如果你想借钱给你的孩子，要把贷款条款写得专业并记录在案。

□ 只在你力所能及的范围内给予或借出。

第三章　晚年不要离婚

　　瑞克和蕾妮是我们的大客户，我们已经合作了20多年。在瑞克退休之前，我们公司开始与他们合作。除了帮助他们进行投资、为他们的退休生活做计划、准备多年的税收之外，我们还帮助他们度过了个人和财务上的一些困难时期。几年前，他们搬到了得克萨斯州达拉斯市一个很好的社区，但当时要飞到弗吉尼亚待几天，回顾一下他们的投资组合，并讨论一些与他们的房产规划有关的问题。

　　在他们来开会的前几天，蕾妮打电话过来，令我吃惊的是，他说她和瑞克离婚了。她想在见面前给我们一些建议，这样我们就可以讨论离婚对双方经济上的影响。两人对离婚意见一致，想做对于双方而言都是正确、有益的事情。这通电话真让人震惊。这不是因为我们以前没有收到过这样的消息——我们已经收到过很多次了——但这次我有点紧张，因为我一直以为他们俩很般配、很幸福。有时候，想要知道婚姻里到底发生了什么是很困难的。

茫然与困惑

　　有一天，你的另一半回家说："我想离婚。"也许你预见过这种情况，又或许你没有。

　　你的胃里翻江倒海，并且头晕目眩。也许你认为这只是一时的不满，对你的婚姻来说并不是致命的。也许你已经知道，这一切已经结束了，你一直害怕的那一刻终于到来了。但是，即使你们的关系似乎已经疏远了一段时间，哪怕你们最近几个月（或几年）没有联系，这个消息仍然会让你感到震惊。

事实上，这种情况在婴儿潮夫妇中越来越多。虽然总体离婚率已经趋于平稳，某些人口统计数据甚至已经开始下降，但在 50 岁以上的美国人中，离婚率却在上升，目前大约 25% 的离婚发生在 50 岁以上的夫妇身上。

> 从 1990 年到 2014 年，50 岁以上的成年人离婚的概率翻了一番，而 65 岁以上的人离婚的概率甚至更高。

如果一对夫妇在五六十岁或 70 岁时离婚，那么他们从离婚经历中恢复过来的时间就更少了——不仅是在情感上，在经济上也是如此。这段婚姻可能长达几十年，也可能是第二段甚至第三段较短的婚姻。无论哪种方式，后果都可能是毁灭性的。当你打算放慢节奏享受生活，摒弃为了升职或抚养孩子而制定的时间表时，事情发生了改变。对于被这一消息搞得措手不及的夫妇来讲，真相令人吃惊。花了几年或几十年而努力的目标，到现在，即使是对于提出离婚的一方，也是会受到影响的。

为什么会这样？又为什么是现在

人们晚年离婚的原因反映了年轻夫妇分手的原因，其中可能包括诸如不忠或酗酒等人际关系问题。不过，夫妇（一方或双方）通常只是认为他们已经分开了，也不再深爱对方，并且当他们到了五六十岁或者更大的具有里程碑意义的年纪时，这种感觉就成为新的紧迫感。

我们受到杂志、报纸文章、社交媒体或其他流行文化的影响来观察事物，我们反复接收到的信息是成为自己想成为的人永远不会太晚，追寻真正的热爱也永远不嫌晚。人们比以往都更长寿且更加健康和有活力地迈入晚年，2015 年，美国男性的平均寿命为 78.8 岁，女性的平均寿命为 81.2 岁。随着人们更加长寿，人们对于晚年生活的期待也随之改变。作为美国人，无论我们多大年纪，都很重视成就感和快乐。如果婚姻不顺，我们可能不想在接下来的二三十年甚至更长的时间和一个不爱的人生活在一起。

当然，达到人生的某个阶段以及退休本身可以迫使我们获得一些敏锐的认知。当你退休并且孩子不在家时，你和你的配偶可能会花很多时间在一起。没有了围绕照顾孩子的活动和正常的工作生活来分散注意力，你可能会意识到，你们的关系早发生了改变。

当到了一定的年纪时，对离婚的接受度也变得更高，我们就不怎么在乎朋友和周围的人怎么去评价。当孩子长大了，我们对于离婚对孩子的影响也思虑得更少。仅剩那么点时间了，我们想知道如果迈出大胆的步伐，是否可以更快乐、更健康，甚至找到新的爱情。如果我们认为这种关系没法修补——或者不值得尝试进行修复——我们会选择终止婚姻。

变化的时代也带来了一系列新的可能性。在过去的几十年里，女性在工作领域有了更多的选择，这促使许多女性在没有成就感或遭受配偶虐待的情况下寻求独立。经济独立促进其他类型的独立。那些依靠丈夫的财力而自己又没有多少经济来源的女性提出离婚的可能性较小。

> 根据国家卫生统计中心的数据，大约80%的离婚是由女性提出来的。

凡事都有轻重缓急

正视它吧。夫妻并不想谈论离婚。他们可能也不希望和朋友或家人谈及，更不愿意与财务顾问、离婚律师、税务专家或其他专业人士讨论这个问题。没有人想要认真思考离婚的现实，所以可能会有忽视迹象或推迟处理实际细节的倾向。在如此紧张的时候，你已经无暇顾及太多。但是你的财务顾问和其他专业人士可以采取一些措施来确保你和你的配偶（以及你可能有的孩子）得到很好的照顾，而且这些计划越早开始，过程就会越顺利。

在我 30 多年的财务顾问生涯中，其中，我接到过几十个客户打来的电话，他们都坦承自己的婚姻岌岌可危。其中，有的令我感到惊讶，还有的我之前已经发出了一些警示。我说的第一句话是："我们能帮上什么忙？"这段最初的谈话是了解他们在想什么、在做什么的契机。通常，当人们离婚时，一方会牵头主导这件事，这时候知道这一方是谁就很重要了。我发现，离婚很少是由双方共同决定的，而且事实上，如果两人意见不合，当做决定时会产生新的问题。

我也喜欢去看看客户的孩子们，问问他们是怎么看待这件事情的。如果孩子很小——处于正在上大学的年纪或更小——情况就会很复杂，因为很可能会涉及财政支持的问题和资助他们上大学的问题，还可能有棘手的监护或探视问题。但是，即使孩子已经长大，离婚也会影响到家庭，成年子女的反应也会给夫妻离婚带来困难。虽然没有儿童抚养费或探视问题，但分居可能会使孩子感到震惊或沮丧。如果涉及他们长大的房屋的销售，意识到他们童年生活的中心以及节日庆祝活动和其他家庭传统的地点将很快消失，他们可能会感到深深的失落。

许多成年子女可能部分或完全依赖父母的经济支持（甚至与父母同住）。这使离婚无论是从经济角度还是从家庭动态角度来看都更加复杂。成年子女和年幼的孩子一样，可能会对父母中的一方更忠诚，尤其是当一方希望离婚而另一方不想离婚时，这会导致愤怒或内疚的感觉。平衡与父母双方的关系，并协商任何与兄弟姐妹有冲突的意见，可能会导致很多家庭关系紧张。

考虑情景的情绪能帮助我准备好情景可能会发生的模式，能帮助我提供夫妻所需要的帮助。我可能会询问他们是否曾寻求帮助，是否有和解的可能。这让我了解事情发生的可能性和时间线。无论答案是什么，这都是一个缓慢的过程，哪怕是非常有效率的离婚官司也需要花费 9~12 个月，但更常见的是耗时两年、两年半甚至更久。财务状况越复杂、家庭关系越困难，离婚所需要的时间就越长。有些客户能够友好地管理整个流程，并且相互尊重，但我也见过情况变得非常糟糕的案例。

作为财务顾问，我们的职责是向客户提供有关他们财务状况的客观信息，以及不同情况对他们未来财务状况的影响——同时也要在这个过程中保持理智。因为离婚是一个非常情绪化的话题，所以即使在最友好的环境下，紧张也会加剧。我们帮助人们退一步冷静地审视自己的财务选择，让他们做出更深思熟虑的决定。

与你的财务顾问会面将有助于他或她根据你的情况提供最佳建议。

• 对离婚尽可能公开和诚实。如果你愿意的话，就分享一下你在离婚期间和离婚后的个人需求和期望。

• 共享你的所有财务信息，这包括纳税申报表、财务报表、过去一年的收入和支出，以及保险单。

• 写下你预期的任何未来支出，比如，子女或孙辈的教育、房屋大修、家庭健康问题、购买新车等费用。

• 检查遗产文件是否有必要的变化，以及退休计划和人寿保险的受益人名称的变化。

• 准备好讨论你的个人目标和财务目标，包括短期目标和长期目标，比如，搬新家、创业、换工作或退休。

信任的氛围

在与客户的多年合作中，我们建立起了温暖而互相信任的关系。然而，有时当客户向我们吐露埋藏在表面之下的紧张的婚姻关系时，我们仍然会感到惊讶。我的同事加里·英格拉姆为一对夫妇工作多年，他们之间关系也很好。一天，妻子艾比打电话说，她的丈夫要求离婚。他们前不久还一起出现在办公室里，一切似乎都很好。并且一个月前，这对夫妇已经同意与加里及其妻子一起去华盛顿首都看曲棍球比赛。这真的令人难以置信。

艾比陷入困境，想立即更改她账户上的受益人。我们告诉她，这完全在她的控制之下，但是当她需要从联名账户中提取资金时，需要两个人共同参与。我们希望尽快进行沟通。我们把这两个人叫到办公室，给他们提供了一些选择。我们想立即实现透明化，于是要求他们双方都同意，如果其中一方要求我们从一个联名账户中提款，或者我们注意到一些并非我们发起的资金在流动，那么就可以将这些信息传递给双方。由于夫妻之间的伤害和不信任，这很难做到，但他们还是同意了。

在第一个电话里，艾比主动表示她不会去看曲棍球比赛，加里宽慰她说她当然可以拒绝，毕竟在这种情况下一起去看比赛不太合适。在接下来的几个月里，加里和他们每个人都通了几次电话，大约每个月都要联系他们一次，以确保他们俩都过得很好。最后，他决定分别和他们共进午餐，没有具体的议程，只是为了打个招呼。他给两人分别发了电子邮件进行邀请，他几乎马上就收到了丈夫汤姆接受邀请的来信，并确定了午餐的时间和地点。但是艾比一直没有消息。然而，当加里和汤姆再次确认时，汤姆说艾比会加入他们，这两人已经和好了。

这是一个并未以离婚收场的离婚故事，它证明了耐心、诚实和时间有时可以解决一些事情。即使双方最终都选择了离婚，他们也已经为这一过程奠定了良好的基础，在这一过程中，他们信任对方、信任专业人士，最终达成公平的和解，这对他们来说是最有利的。当人们面临困难的时候，他们不会总是表现得最好，但是艾比和汤姆即使在他们最脆弱的时候，也致力于透明和公平的交易。

覆水难收

当夫妻下定决心要离婚时，情况就变得更加严峻。他们不知道还能否在一起，他们试图寻找个人最优解，但个人的利益有时会相互冲突。一对夫妇原本可能有足够的退休资产来支撑他们舒适地生活，但现在资产的分割，再加上同样的资产现在必须支撑两个家庭而不是一个家庭，会导致预算紧张，也会改变个人的生活方式。

我已经认识鲍勃和凯蒂很久了。鲍勃是一名市场营销高管，虽然他喜欢抱怨自己工作有多辛苦，工作时间有多长，但他是个很努力的人，很享受自己的成功。凯蒂在生孩子之前是一名护士，之后就全职在家照顾孩子。她经常提及多么怀念工作，想要重返工作岗位。

凯蒂和鲍勃的关系已经不如多年前那般火热了，如今的婚姻似乎主要是维持着正常的生活，关心的是抚养孩子和维持家庭，偶尔也会四处度假。不出所料，当他们54岁，孩子们都已离开家时，他们决定分开。我从一开始就知道，鲍勃和凯蒂将会经历一场艰难的离婚，在这段感情结束、他们终于可以向前看之前，谁也不会幸福。事实证明我是对的。

麻烦的迹象比比皆是。第一，分割他们的资产意味着没有足够的钱维持两个家庭和两份独立的生活费用。两人都需要继续工作，鲍勃打算在60岁退休的计划现在变得遥不可及。第二，两人来自不同的家庭背景。鲍勃来自一个中上层阶级家庭，最终将继承一些资产，而凯蒂未来不太可能继承任何遗产。离婚后双方都要面对的经济现实可能是促使他们在一起这么久的部分原因——双方都不希望离婚后生活方式发生变化，而且他们也知道离婚的过程本身会很痛苦。

我们汇总了他们认为是婚姻财产和独立财产的资产清单（稍后将对此有更多了解）。当然，鲍勃认为他从家人那里得到的一些财产应该分开，不应该作为婚姻财产，而凯蒂则强烈地认为那是婚姻财产。

对于哪些财产属于夫妻财产，哪些财产不属于夫妻财产，是有规定的，但也有许多条款会使这种区分变得模糊。通常，当一项资产作为礼物或通过继承获得时，它被认为是单独的财产。但如果你们更改了财产的名称，将其存在一个共同账户中，用于共同生活的需要，它就可能被视为婚姻财产。这个决定取决于你所居住的州，这就是为什么一个熟悉州法律的离婚律师是如此的重要。

由于鲍勃和凯蒂在如何对财产进行分类以及鲍勃应该支付配偶抚养费的时间上无法达成一致，此案被提交给了法官。法官裁定，所有共同拥有的财产均为婚姻财产。此外，法官裁定婚姻财产按3∶7进行分割，30%归丈夫，70%归妻子。在法院看来，这是一种公平的分配。

按3∶7比例进行分割真的能公平地分配资产吗？是的，它可以，我们很快就会看到，鲍勃和凯蒂的例子印证了这个问题。由于财产分割得很慷慨，鲍勃只支付了5年的赡养费。根据我们的计算，这意味着鲍勃可以在65岁时退休，并生活在一所普通的房子里。这比他最初的目标晚了 5 年，但正如鲍勃所说，工作对灵魂有益。除非凯蒂重返工作岗位，否则她最终需要卖掉房子，并减少每月的开支。

虽然离婚的压力很大，但鲍勃和凯蒂都更快乐了，孩子们也更快乐了，他们在新的、更俭朴的生活方式中相处得很好。

资产分割的基础

从非正式的双方同意分居到诉讼离婚，有一系列的安排和解决办法，就像我们看到的鲍勃和凯蒂那样。如果你能达成友好的协议，将节省一大笔专业费用。有个老笑话说，离婚时你可以把财产一分为二或者一分为三，其中二分之一或三分之一交给律师或其他专业人士。同样重要的是，避免旷日持久的争斗，以及不愉快的财产和其他事项的法庭斗争，可以减少大量的情绪消耗。

因为 50 个州都有某种形式的无过错离婚，所以无须责备或提供一方有过错的证据也是可以离婚的。当无过错时，资产和赡养费（如果有的话）分配通常是主要问题。但在法律框架内，州法律官员有许多方法对财产进行分割。在提倡过失离婚的州，当发现有过错时（例如，如果一方声称另一方有婚外情或滥用药物问题），这一发现可能会影响夫妻财产的分割或对赡养费的给予。

在大多数离婚案件中，财产分割的步骤都是相同的。这一过程是在财务和法律顾问的帮助下进行的，必要时还有法院的协助。

1. 陈列资产及债务。
2. 确定资产的所有权。
3. 评价资产的价值。
4. 确定各项资产的税后净值。
5. 分割资产和债务。

陈列资产及债务

在客户的帮助下，我们尽可能准确地列出他们所有的资产清单，包括金融投资组合、退休账户、房地产、汽车、艺术品和古董、珠宝——夫妇拥有的任何有价值的东西。我们还收集了一份债务清单，其中包括抵押贷款、汽车贷款、信用卡债务、学生贷款、个人贷款和企业债务等。

确定资产的所有权

正如我们之前在鲍勃和凯蒂身上看到的，财产可以是夫妻共同财产，也可以是非夫妻共同财产，财产的拥有者决定婚后如何使用它。尽管有些州有一个"混合"或"准共同"财产类别，使法院可以出于实际目的，把某些资产考虑为共同婚姻财产，但大多数州允许配偶保留各自的财产并分割共同财产。你的离婚律师将掌握你所在州的法律。

不出所料，婚姻财产是指婚后获得的财产，包括双方在结婚期间挣的钱以及用这些钱购买的任何财产。独立财产是指夫妻双方结婚时各自携带的财产，或者是婚后一方继承或接受赠予的财产（如果是单独赠予的话）。

如果房产是用某人单独的资金购买的，那么这个房产就被认为是单独的，此个人是产权的唯一所有者。不过，一项非流动性的遗产，比如一所房子（尤其是共同继承的，比如和兄弟姐妹），可能会给房主带来一些问题。即使财产是明显分开的，并且仍然属于继承人，那部分资产也可能会影响其他非继承财产——持有这部分单独继承财产的配偶可能不得不放弃一些其他东西来完成财产分配，这样分割才能保持公平。

这方面的法律很复杂，并且有许多关于财产特征的警告和例外。在通常情况下，在婚姻中把财产混合在一起会使情况变得更复杂——有时混合财产是有意为之，但也有可能不是，比如给配偶一方的礼物是存在共同账户里的。婚前协议和婚后协议也可以改变对资产的认定——事实上，这就是它们存在的原因。这些合同可以明确双方的经济责任，保护配偶免受另一方债务的侵害，并确保财产保持分离，以便其可以转移给上一段婚姻里的孩子。

评价资产的价值

对银行账户或股票持有等资产进行估值非常简单，设置一个日期（通常是离婚日期或财产正式分割的日期），该日期的账户里余额便表示该值。

对于大多数家庭来说，房产和退休账户占据了大部分资产，不过家族企业也可能占据了一部分。也许，房子是最情绪化的资产。尽管拍卖师和房产经纪人能通过公开市场给房子确定一个合理的估值，但房子代表的远不止这些，尤其是当夫妻在这里生活并且共同抚养孩子多年的情况下。

对于年龄较大的夫妇来说，房子的价值可能不同于纯粹的公开市场价值。例如，对于拥有房产的老年人，可能有地方财产税减免的优惠，或者房产增值可能在某个年龄被暂停或打折。特别是在高收入阶层，联邦税收减免也可能使拥有房产更具吸引力。由于每一种情况都不同，税务后果需要由熟悉夫妇特殊情况的税务专业人员进行评估。

晚年离婚对退休资产的影响尤其大。年纪大点的夫妇，或者那些在公共部门工作过的夫妇，可能有固定收益计划，通常被称为养老金计划，根据多种因素，包括提前退休的激励措施，评估起来可能比较复杂。对于某些其他退休工具，如 401（k）计划和个人退休账户（IRAs），当前的价值可能是明确的，由某一特定日期的账户余额决定。但是，如果配偶在结婚前就获得了一部分退休福利，在离婚时，这部分福利可能会被视为单独的财产。

不同的州以不同的方式计算退休资产的单独财产价值。例如，有些人只看结婚那天账户里的金额，或者把结婚期间累计的利息和增长连同这部分金额一起计算。从账户的价值中扣除确定为独立财产的那部分，剩余的部分根据夫妻双方的和解协议或判决在夫妻之间进行分割。

确定各项资产的税后净值

退休账户的价值还必须基于缴款是税前还是税后。由于从递延所得税账户中提款要缴纳所得税，因此提款计划也很重要。根据账户类型和缴纳人的年龄，缴纳罚金也可能适用——为了避免美国国税局（IRS）规定的 10% 的罚款，缴纳罚金的人必须年满 59 岁半。然而，401（k）计划的运作方式有些不同。如果这个人在 55 岁或 55 岁以上退休或被解雇，则无须支付 IRS 罚款即可提取这笔钱，一些关于分配的规则可能有些棘手，因此，可以与你的注册会计师（CPA）或国际金融理财师（CFP®）谈谈。

我们有一些正在和平离婚的客户，他们有很多不同类型的资产：经纪账户、个人退休账户、延期年金和丈夫的养老金。这对夫妇说："你拿这个，我拿那个。"但每种资产都有不同的税收。这可能不是苹果和橘子的区别，而是橘子和橘子的区别。这两种资产可能看起来非常相似，但有一些特性使它们有所不同，包括税收影响、流动性和必要的分配。最后，我们为那对夫妇平分了每一笔资产，消除了各种复杂性。

企业是最难估值的资产之一，既因为双方对企业的贡献可能有不同看法，也因为对企业的价值可能有很大不同的看法。评估一家企业有几种方法，正确的方法取决于企业的类型和历史——一家科技初创企业的估值方法很可能与一家历史悠久的肉类加工厂不同。向双方共同提供意见的商业评估师将审查业务——资产、负债以及增长潜力——并就业务价值出具报告。如果你和配偶同意聘请专家，并选择相信所提出的估值，你可以节省大量开支。然而，如果评估过程存在争议，对如何进行评估存在严重疑问，那么你最好聘请自己的商业评估师，以确保你的利益得到充分保障。

分割资产和债务

一旦确定了资产的价值，就可以对其进行分割。而且，和离婚的其他方面一样，各州法律也决定了如何分割婚姻财产。一些州要求平分，而另一些州则寻求"公平"的分配，比如鲍勃和凯蒂的离婚判决。这意味着配偶的资产不是直接均分，而是要考虑到其他事项，如一方是否有残疾或严重疾病，是否支持孩子完成学业，以及赚钱能力和单独财产的数额。如果配偶中有一方为了照顾家庭而搁置了事业，收入的潜力也因此大大降低，这可能会在公平安排的资产分配上得以反映。正如我前面提到的，在承认过失离婚的州中的财产分割中，过失也可能发挥作用。

然而，在这种情况下，很难确定什么才是真正的公平，可能要经过很多的讨论，才能达成每个人都觉得公平的协议。在某些情况下，这些由法院决定。在离婚中出现的更大的情感问题可能会在经济领域上演。通常，当一方感到被抛弃了，整个情况是不公平的，特别是当离婚只是对方的想法，而其离婚后在生活中继续风光无限时，这种成功对于另一个人来说很难接受。

有些财产在离婚时很容易分割，但有些则更复杂。例如，一所房子可以通过买断所有权的方式由配偶一方保留，它可以继续由配偶共同拥有一段时间（特别是如果子女仍住在家里而家庭希望为他们保持连续性），或者，它可能被出售，收益被分割。最好的处理办法在很大程度上取决于夫妇的年龄和收入，以及他们能否做出一个双方都觉得公平的计划。无论决定是什么，都应以书面形式正式签署财产协议。

处理抵押贷款可能是一个挑战，因为债务随房子而来，而新房主可能没有资格申请抵押贷款。当债务不能在配偶或伴侣之间转移时，其所有权是一个重要问题，因为它通常有一段偿还期限，而且偿还额可以变动。如何分配债务与如何分配资产同样重要。

退休基金，视种类而定，可在离婚时一次性支付，或在计划参与者退休时分配。私人退休计划受一项名为《1984 年就业退休收入保障法》（ERISA）的联邦法律管辖。这项法律要求离婚的夫妇提交一份合格的家庭关系令（QDRO），其中规定了个人享有其前配偶通过参加雇主资助的退休计划而获得的一部分退休福利的权利。订单通过计划管理员的接受而成为"合格的"。QDRO 是养恤金计划司的组成部分，也可能是界定缴款计划 [401（k）或类似计划] 司所需要的，这是计划管理员提供的信息。在 QDRO 备案和接受之前，不要犯从养老金计划或 401（k）计划中领取养老金的错误，因为这可能会给领取养老金的人造成严重的税务影响。

企业通常是被判给经营企业的人，而经营企业的人要么买下对方的股权，要么指定价值类似的财产分给参与较少的一方。偶尔，夫妻双方也会成为公司不可分割的一部分。如果是和平离婚，双方可能继续经营业务。否则，如果双方无法达成协议，很可能会出现法律纠纷，将由法院决定如何处理此事。

即使资产应该一分为二，复杂的估值和不同的税收后果也会让事情变得困难。知识产权，例如一本书或一件产品的版权，可能很难估价。有时，工作可能是在婚姻期间完成，但直到离婚后才产生收入，这使配偶也有权分享。未来的收入流和退休资产可能会很混乱，必须在对双方都公平的情况下逐个解决。正如你所看到的，分割资产可能是一个复杂的过程，因此，请确保你在整个过程中获得了正确的建议和指导。

离婚进程

如果一对夫妇财产不多，离婚的过程可能会简单一些，但情况并不总是如此。当一方觉得资产分配不公平，或者仅仅是情况不公平时，他可能不想放手。当这成为一种思维模式时，那么不管他们只有少量的钱还是几千万美元都无关紧要，这不是为了生存。他们可能有足够的资产让两人过着舒适甚至奢侈的生活，但金钱成了"最终成绩"的象征。在涉及配偶赡养费的情况下，提供赡养费的一方以及其律师可能会说："这笔钱够多了。"但是对方及其律师可能会强烈反对。决定什么是"足够"成为一个非常棘手的问题。

如果你正在办理离婚，你应该开始建立一个单独的现金流量表。离婚双方各有自己的财产。仔细考虑所有的假设——列出对孩子、房子、必需品、生活方式等的需求——并与你拥有的资产进行平衡。为每个人制订一个项目计划，告诉他们如何才能全部完成。如果你需要帮助，一位有处理过离婚官司经验的顾问会给你极大的帮助。你或你的顾问制订的财务计划应该包括：

- 一套明确的目标、目的和优先事项；
- 流动资产负债表（资产和负债）；
- 当前的现金流量表（收入和费用）；
- 纳税申报、联合申报和单独申报；
- 对资产负债表、现金流和离婚后每个人的税收进行预测；
- 离婚后每个人的财务独立预测；
- 生命、残疾和医疗保险分析；
- 应由你的律师和财务顾问审阅的遗产文件和受益人指定文件。

编制财务报表和离婚后财务独立分析并不是最难的部分，困难来自在这个高度情绪化的时期进行分析。自始至终，我们几乎从来没有看到过一个皆大欢喜的解决方案，但我们希望看到一个对各方都公平的解决方案。我们尽自己所能来确保我们的客户受到保护，并让他们感到最终的结果是公正和合理的。

再次离婚

离婚的人倾向于再婚。据统计，这些人最有可能再次离婚：二婚和三婚的离婚率甚至比第一次结婚的离婚率还要高。对于 50 多岁和 60 岁出头的人来说，有过一次婚姻的人再次离婚的概率会翻倍；而对于 65 岁以上的人来说，这种风险要高 4 倍。

> 再婚的离婚率为 67%；第三次结婚的比例为 73%。

当人们离婚后又迅速再婚时，他们很可能会再次离婚。因为他们还没有从第一段婚姻关系的伤痕中痊愈，可能会为了寻求快速修复孤独或无价值的感觉，而匆忙进入一段新的关系。他们想要填补空虚的欲望，会让他们忽略那些可能预示未来问题的危险信号。此外，在某种意义上，经历过一次离婚的他们懂得怎么做才能成功离婚。他们以前曾经历过一次（或两次），并认为他们还会再次成功。

但是，如果一次离婚会对一个人的经济和健康造成打击，那么多次离婚就会彻底摧毁它。我们有个客户已经离婚多次，每次婚姻都要支付配偶和孩子的抚养费。即使是一个赚了很多钱的人也很难处理这种情况，而且不太可能享受舒适的退休生活。

当客户告诉我们他们计划结婚或再婚时，我们会帮助他们思忖财务计划，并就婚前协议的价值向他们提供咨询。

婚前（或婚后）协议的重要性

一种减轻离婚对经济所造成的不利影响的方法，是制定婚前协议或婚后协议。这些文件确立了双方在关系结束时的权利，为离婚时的配偶赡养、财产分割、保险处理以及其他经济和家庭事务奠定了基础。虽然没有人在结婚的时候想着离婚，但为了以防万一，明确需求还是值得的。如果你已经结婚了，现在达成协议还不算太晚。婚后协议通常提供与婚前协议相同的保护，但会在双方结婚后执行。婚前协议和婚后协议都受州法律管辖，根据签署州的不同，条款也有很大差别。

我有一个客户，她50多岁，有相当多的资产，正打算结婚。她未来的丈夫没她那么有钱，所以我强烈建议签订婚前协议。这些年来，我明白了，要向你深爱的并希望结婚的人提起这个问题通常是很困难的。你会如何处理这个话题呢？

我建议我的客户向她未来的丈夫解释说，她的律师和财务顾问都强烈建议他们两人起草一份文件，明确万一离婚会发生什么，虽然这不太可能。把它想成是你房主保险单上的一项象征性条款——你可能永远都不需要对它收取费用，但它是在不太可能发生坏事的情况下存在的。如果你向未来的伴侣提出婚前协议，对方的反应可能是："如果我们之间发生了什么事情，难道你不相信我会做出正确和公平的决定吗？"恰当的回答应该是："是的，我知道你爱我，会做正确而公平的事情，但现在让我们仔细想想，想清楚什么是公平。这样，即使不太可能发生的事情发生了，我们也会有所准备。"

我的客户和她未来的丈夫都同意了，她的孩子们很高兴他们的母亲再婚了，知道了如果他们关系破裂，婚前协议会保护他们的母亲，也都松了一口气。婚前协议清晰明了，而每个人又乐观和理性。当风暴来袭时，恐惧往往紧随其后，我们通常的理性行为可能无处可寻。以下是你考虑签署婚前协议时的一些建议。

• 不要等到最后一刻才和未来的配偶讨论婚前协议。我们的律师建议婚前协议应该在婚礼前 30 天完成，一旦你知道自己要结婚了，就应该在恋爱初期就开始讨论这个问题。坦诚地告诉对方你的财务状况，以及为什么你认为婚前协议文件是有用的。

• 在和律师坐下来起草婚前协议之前，和你的准配偶好好谈谈。写下你同意和不同意的关键点，并和你的律师和财务顾问分享。

• 夫妻双方都应该有自己的律师，但可以指定一名律师起草文件。

• 夫妻双方应准备一份完整的资产负债表，包括所有资产，涵盖珠宝和艺术品，以及所有负债。除此之外，还应该分享前一两年的纳税申报单。

• 婚前协议是一份非常重要的法律文件，所以一定要阅读并理解所有的条款。

• 没有"完美"的协议，也没有唯一正确的方法来确定什么对你来说是正确的。这是你们的离婚文件，它应该列出你们双方都认为公平的条款。

• 婚前协议可能不会解决死亡时的问题，所以如果配偶意外去世，请确保你的遗产文件如你所愿完成。

有时候离婚是一个新的开始

虽然我们关注的是离婚带来的困难，以及如果你没有做好充分准备，离婚会导致退休失败，但这个故事有时会有一个皆大欢喜的结局。即使将自己的资产减少一半，并支付配偶赡养费，离婚最终也可能是一件积极的事情。

我有一对已婚夫妇客户，他们都对婚姻关系非常不满意，但又担心离婚会影响财务状况。就这样僵持了很多年，一直让对方很痛苦，直到最后他们同意是时候分开了。最后，两人都意识到自己曾经有多不快乐，都为能够独立生活而兴奋不已。

妻子保住了房子，有足够的钱维持生活，丈夫换了个小点的房子，不过他在孩子和孙辈附近找到了一个舒适的好地方。他们逐渐明白，尽管只剩一半的财产，但他们获得了内心的平静，减轻了压力，与成年子女和孙辈有了更好的关系，并找到了做自己的新自由。

不管你的年龄多大，离婚都是一个不受欢迎的话题。无论离婚是一件令人措手不及的事，还是已经酝酿多年的事，婚姻的破裂都会给这对夫妇、他们的孩子、其他家庭成员甚至朋友和社区成员的生活带来巨大变化。当年纪大一些的时候，他们所面临的挑战对年轻人来说是不常见的。优先事项、生活经验和对未来的期望都不一样。稍微有一点先见之明，你就可以为离婚带来的后果做好准备，而且，如果真的到了那地步，你也有一个强有力的计划，以确保你和前任配偶都能衣食无忧。

在离婚时保护好自己

☐ 通过签署婚前协议或婚后协议来防止经济上的失败，这将使财产特征、意图变得清晰，并减少离婚时的冲突。

☐ 确保资产名称正确。

☐ 如果你的孩子要结婚了，鼓励他寻求建议，考虑签订婚前协议，这样，即使离婚了，你留给孩子的财产仍然属于他。

☐ 如果你发现自己面临离婚，向那些有帮助客户度过离婚过程经验的律师、财务顾问和税务专家寻求建议。最重要的是，要有耐心，照顾好自己。这个过程需要时间，而且非常情绪化，即使在最好的情况下也是如此。所以，深呼吸，和有类似经历的朋友聊聊天，抽出时间来思考对你来说什么是最重要的。

第四章　不购置多余房产

　　雪莉给我留了一条简短的语音邮件，提及她和她的丈夫史蒂夫看到一所房子要出售，他们正在考虑购买它。我想这太令人兴奋了，但是我也很好奇，因为我知道他们喜欢目前居住的房子。一时间我有了许多猜想：也许现在他们的孩子长大离家了，他们认为这套房子有点太大了？也许他们认为是时候换小房子了——简化生活，搬到一个小一点儿的地方，这样就可以步行到当地餐馆和海滩了？

　　我给雪莉回了个电话，她热情地叙述了这套房子的所有优点，这套房子刚上市，并会很快卖出，因为它处于一个绝佳的地点，地理位置优越。房地产经纪人告诉这对夫妇，如果他们想要这套房子，就必须迅速采取行动。

　　我问道："所以，雪莉，你打算出售你的另一套房子并搬家吗？""哦，不。"她回答，"我们打算在周末偶尔用用这套房子，然后我们的孩子和朋友可以待在那里。格雷格，这将是一项很棒的投资，但我们需要迅速采取行动，房子价格不菲，我们两口子和孩子们都喜欢它。"

抑制幻想

　　说真的，谁会因为雪莉和史蒂夫的兴奋而责怪他们呢？这似乎是一个简单的梦想。想象一下，你正在佛罗里达度假，看到一处待售的房子，就在海滩上。它或是一间华丽的湖边小屋，又或是一间山间小屋——位于你喜欢滑雪的山上。在这里你可以把工作的压力抛诸脑后，这难道不是一个很好的度假之地吗？10 年或 15 年后，等准备就绪了，你就在那里过退休生活。毕竟，你喜爱这样的地方，而且这也是一笔很棒的投资！你认为这套房子将是举办家庭聚会的绝佳场所。

如果买下这套房子，你甚至可能会在来回周转的情况下省钱，因为你可以在度假时不必支付黄金时段的租金，同时还可以积累大量资产。你的孩子，以及未来的孙辈将年复一年地来到海滨别墅，享受欢乐的家庭假期。当多年以后或情况有变时，你可以很容易地卖掉房子赚钱。或者你也可以把房产作为遗产留给你的孩子们，保留美好时光的回忆，为他们提供一个可供多代同堂的家庭聚会的活动中心，或者如果他们愿意的话，也可以出售。这是一个三赢的提议。

如果这正是你的想法，那么你并不孤单。据估计，2014 年售出 113 万套度假屋，占房地产交易的 21%。但是，最终又有多少购房结果是与狂热的购房者想象的浪漫景象吻合呢？

这种美好的设想并非不能实现。它们有时会。即使这里的景色不像度假屋买主最初设想的那样风景如画，但我们仍然有充分的理由购买第二套住房。我们将探究这些原因，并评估可能的现实与你的总体目标的吻合程度。作为财务顾问，我们的作用是帮助我们的客户以开阔的视野做出决定，了解潜在的后果和可能的负面影响。无论他们最终做何种决定，我们的目标都是帮助客户最大限度地利用他们的资产，并根据他们的特定目标做出明智的财务决策。

首先要考虑的是你对第二套房子的期望。你会多久使用一次房子？你是否只想将其作为周末或假期度假的地方，供你和家人专用？你是否打算购买它作为投资，期望它在你拥有所有权的有效期内会大幅升值？你是否打算在不使用时出租？这是你打算退休的地方吗？这些问题的答案将帮助你确定第二套房是否适合你，如果适合，那么你能负担得起多少？

大多数购买第二套房子的人都有各种各样的动机，而这些动机通常是由情感而非纯粹的理性驱动的。尽管买家可能打算在不使用房子时出租房屋，以抵消开支，但他们并不一定会根据房子是否适合出租这一点来选择房子，而且他们通常也不会考虑把房子租出去会涉及什么。

当客户来找我们，告诉我们他们想买第二套房子时，我们首先会问他们多久使用一次。想想你现在的生活是什么样的，以及你如何设想在度假屋里度过时光。如果你一年中至少有两个月不打算在家里度过，那么通常来说，如果你租房，经济状况会更好。如果你希望在家里住上至少两个月，我们会考虑你的开销和资金。如果你计划一年中有4个月、5个月或者6个月都使用这个房子，我们绝对要考虑一下房子的所有权问题。

许多人认为，房地产永远是一个很好的投资。当客户告诉我们，投资是他们想要购置第二套房子的主要驱动力时，我们建议他们分析一段时间内的购买情况（包括所有正在进行的维修保养、保险、税收，以及拥有房地产所涉及的其他成本），并与其他更容易管理的投资选择进行比较。大多数客户在看到分析时都会感到惊讶。通常，人们认为房地产是一项伟大的投资，但是他们忘记了房子是我喜欢称为"成本结构"的东西，也就是说房子需要很多钱来保养。

这真的是一项投资吗

房子的售价只是你买第二套房子时开支的开始。但是，如果你正在寻找有关理想度假屋的热门度假胜地，那么光是房屋的售价就会让你大吃一惊。在售出的第二套房中，有40%在海滩边上，而接近20%在山间或湖畔。

高额的房地产买卖手续费和经纪人的佣金也会聚沙成塔——回想一下你主要住宅的结算文件上出现的申请费、预付保险费、产权检索费、检查费和其他杂项费用的冗长清单。当你买房时，房地产买卖手续费通常是房子价值的2%~3%；当你卖房时，这些费用通常是6%~8%。因此，在你的新投资赚钱之前，需要房子升值10%左右。这还只是在我们考虑购房成本之前。

持续的维护可能会占用你的预算。这些费用很容易达到每年数万美元，包括维修和定期维护、房产税，以及上升的抵押贷款利率（如果你背负的是一笔可调利率的抵押贷款）。房产税也可能出人意料地上涨，具体取决于所在地区。你有必要看看所考虑的地区的税收增长历史，以确保你知道季度（或半年）税收评估是什么，以及你是否考虑了可能的增税情况。

此外，规划社区中的公寓和住宅几乎可以肯定会收维护费、业主协会会费和（或）特别评估费，根据场地和所提供的服务，每月总计可达数百甚至数千美元。如果业主协会会费不包括草坪护理和园林绿化、除雪、垃圾收集和其他类似的维护费用，那么你还需要自行安排并支付。每个月还要加上煤气、电、水、有线电视和互联网连接等服务费用。

接下来，考虑到你必须布置和装修新房这一事实，根据你的品位和空间布局设想，这可能会变得昂贵。除了适合你度假屋生活方式的家具，你还需要另一套必要的所有家居用品：床单、毯子和枕头、毛巾、盘子和餐具、锅碗瓢盆和其他厨房用品、咖啡机、电视机、灯具等。许多人没有考虑到的一项费用是你可能想要保留在度假屋的休闲物品，其中一些可能与你在主要住宅中保存的用品重复，包括自行车、健身器材、游戏桌、高尔夫球杆和其他运动器材。

帕姆·谢皮斯是一位了不起的室内设计师——我的姐姐也是这样认为的——假设你不打算从北美慈善旧货店或者宜家购买所有的东西，那么你应该预计会把房子价值的 10%~20% 花在家具、窗户装饰和其他必需品上。当你出售房屋时，这些物品中的大多数都没有什么价值，所以现在你需要在出售房屋时获得 20%~30% 的收益来覆盖购房时的初始成本和出售时的房地产买卖手续费。

你还需要往返于你的各处房屋之间，交通费用可能会增加，特别是如果你乘坐飞机，并带上子女或孙子女时。因此，房子是用来招待亲朋好友还是出租，这其中的费用也应该考虑在内。

> 度假屋和主要住宅之间的平均距离是 200 英里。大约 34% 的度假屋距离房主的主要住宅超过 500 英里。

　　然后你需要支付保险费用，尤其对于依水而建的房子来说，那里经常会有大风暴，保险费用极其昂贵，有时甚至无法投保。2017年，几场飓风和热带风暴摧毁了美国和加勒比地区的部分海岸地区，照片上被风吹散和损坏的房屋清楚地提醒人们位于美丽海岸线上的房屋所有权的风险。

　　当你经历了疯狂的房价飙升时期——举例来说，20世纪90年代末，以及大约从2003年到2007年——当房价有可能大幅上涨时，房价通常会以与通货膨胀率相当的速度增长，按年率计算，大约是每年3%。我刚刚指出，除了这3%，你还有很多成本。如果你想通过出售房子赚钱，你需要长期持有。

　　人们容易这么想："我将以100万美元的价格买下这套房子，然后使用它，10年后以200万美元的价格卖掉，这将是一项非常棒的投资。"如果不涉及任何费用，这就代表有7.2%的回报率，10年后你的钱会翻一番，这样对吗？其实不完全对。

　　让我们做出如下假设：

　　购买价格＝1000000美元

　　房地产买卖手续费＝25000~30000美元

　　10年的年均成本（税收、保险、维护，每年20000~30000美元）＝200000~300000美元

　　家庭装修和家具＝100000~200000美元

　　销售成本（2000000美元×17%）＝140000美元

　　考虑到这种情况，出售房屋可能会赚大约300000美元。这反映出年回报率仅为2%~3%。

　　如果你不买第二套房子，而是拿出原本打算用来买房子的100万美元，投资于一个年回报率为7.2%的投资组合，那会怎么样呢？你没有买度假屋，而是从投资组合中每年提取25000美元来支付度假出租屋的租金，那么你的投资在10年期间内会表现如何呢？在这种情况下，你支付租金后还可以获得超过630000美元的收入，这意味着你的单利年回报率超过6%。另外，你不必担心飓风，不用支付维护费用和其他必要的保养

费用。

如你所见，租一两个月的房子可能会比买第二套房子给你带来更好的投资回报。然而，如果你打算每年租一个度假屋两三个月以上，那么买房可能是一个更好的财务决定，这取决于你想租的地方的租金，以及你是否打算在房子闲置的时候把它租出去。具体情况要做具体分析。

在大多数情况下，买第二套房子的数学计算并不像你想象的那么美妙，但这并不意味着购买度假屋对你来说不是正确的选择。拥有第二个家可能有很多无形的好处，比如和亲人一起创造回忆，享受生活。这些都具有无法计算的情感价值。在这一点上，我们说这也许不是一项纯粹的投资，更多的是一种生活方式资产。拥有生活方式资产，享受你辛勤工作的成果，这没什么。当你做出这样的决定时，聪明的做法是看看度假屋是如何融入你的整体财务状况的，并思考一下你想从这个家里得到什么。最后，你要回答的问题是：对我来说，买房和租房，哪个更有意义？

这是一种生活方式资产吗

度假是一种生活方式资产，就像我们的汽车、衣服和房子也都是生活方式资产，至少在某种程度上是这样。是的，汽车是用来运输的，房子是用来遮风避雨的，但它们也反映了我们是谁，我们看重什么。否则，我们只要开着破旧的老爷车往返，住在简易公寓里就可以了。因此，在一定的效用水平上，在物品执行其基本功能的水平上，样式、便利设施和其他附加设施都是我们享受的好处，我们感受到了地位的提升，或者给我们带来了一些其他好处。

正如我之前所说的，拥有生活方式资产并没有错，但作为顾问，我们工作的一部分就是帮助你评估出你真正负担得起的东西。也许50万美元的房子比100万美元的房子更符合你的整体目标。或者，也许任何重大的支出都会以一种你不满意的方式限制其他优先事项。我们的目的在于帮助你弄清楚如何分配资产，这样一来，你的一个选择——在这种情况下购买一套度假屋的决定——就不会妨碍其他目标，也就是你未来的财务独立性。

当你计划把钱投入第二套房子时，你必须确保你有足够的流动资产来满足你的现金流需求，这将取决于你的个人情况。计算出你可以放心地为第二套房子投入多少钱，就意味着要检查你目前的家庭开支、债务，以及任何其他义务，比如子女抚养费和退休金计划缴款，然后平衡这些财务义务和你的收入。你需要有一个现实的想法，即你每月可以在房子上花费多少，这不仅要看购买价格，还要看我们前面讨论的所有运营成本。

许多打算购买第二套房子的人要么已经退休，要么即将退休，所以他们在为退休生活做准备的同时，也在缴纳退休基金。特别是如果他们不再拿薪水时，我们会仔细考虑他们的流动资产的价值，以及他们为了维持他们想要的生活方式而需要从这些资产中提取的每月"薪水"。作为参考，流动资产是指那些可以很容易出售并转变为现金的资产，如大额可转让定期存单（CDs）、债券、股票和共同基金。非流动资产是指难以出售或需要很长时间才能出售的资产，如房地产、私募股权或有限合伙制企业。

当考虑买第二套房子时，想想你是如何看待及使用新家的，以及你还想做些什么。当你拥有一栋海滨别墅时，是否会经常去海滩度假？你和配偶（还有孩子，如果他们还在家的话）是否同意这个决定？你还会继续去夏威夷或者欧洲度假吗？如果这样的话，那么我们需要考虑这些费用。第二套房子会代替其他类型的旅行，还是一个附加物？最好在签名之前仔细考虑一下这些问题，这样你就能清楚地知道自己能够或者应该花多少钱。

> 38%的度假屋购买者用现金购买房产。

不幸的是，计划并不总是按照你预想的方式进行，所以重要的是要想清楚所有可能发生的情况。2006年夏天，客户杰克和琼在度假。在卡梅尔小镇的街道上行走时，两人爱上了一处美丽的房产，并迅速签订了合同。他们计划用现金全额付款，这样能够加快结算。杰克和琼给我的同事凯伦·托维打电话，他们对这项新的投资感到兴奋，并希望我们帮助他们决定出售哪些资产，以便他们可以买下这栋漂亮的房子。

市场很火爆，杰克觉得他们必须马上买进，否则就会被拒之门外，所以这是一个有点冲动的决定。这对夫妻花大价钱买了这套度假屋，想着退休后搬去住。房子的厨房和主浴室需要装修一下，还必须再添置家具。考虑了他们正在研究的租赁市场，他们觉得需要高端的装修和家具，所以他们花了相当多的钱来布置房子。

之后，由于经济大萧条和次级抵押贷款危机，房地产市场崩溃了，他们无法得到他们所期望的租金收入。随着房地产的崩溃，房子急剧贬值，他们很快就被房子套牢了。与此同时，他们根本不想退休后回到加利福尼亚州，最终决定卖掉房子。虽然他们不至于窘迫到去住桥洞，但是他们按时退休的计划确实受到了影响。

如果你的时间过于紧迫，那么这就是一个巨大交易成本的例子。我们另有一个客户，他很快买了一套房子，两年后就卖掉了。即使市场正常，价格稳定，房屋买卖手续费、搬家费用和装修费用也无法收回。不要仅仅因为你爱上了一个地方，而且在价格很高时，就一头扎进去。总会有另一套房子的。正如我父亲曾经告诉我的那样，欲速则不达。

买房可能使人痴迷，尤其是在火爆的市场中，人们容易随波逐流，在错误的时间、错误的地点、错误的价格买房。我的一个合作伙伴和一个相当富有的人一起工作。他以很好的价格卖掉了一些生意，然后买了几套房子。后来，2008年经济衰退，这一下击垮了他。从那以后，他就一直试图摆脱困境，但是一直没能回到从前的状态。他有三处房产，一处是他的主要住所，一处是度假屋，还有一处是他计划退休后的养老房。但是在经济低迷时期，现金流紧张，他的资产也在缩水，所以他决定卖房……但他一直在等待时机，等了太久结果损失惨重。价格并没有像他所希望的那样回升。

这也是购买度假屋时需要考虑的另一件事情。在不确定的时期，度假区的豪华住宅通常难以转手，而且价格可能会在你需要脱手时急剧下跌。

我们有一个客户，他在北卡罗来纳州的一个度假胜地拥有了第二套房子。这是一个令人惊叹的家，这对夫妻真的很享受他们在那里度过的时光。他们在买房子的时候就意识到，有一天他们需要卖掉房子以维持退休生活，但是他们真的很想在附近有一个很棒的度假屋和一个很棒的高尔夫球场，所以他们就直接买了。

不幸的是，妻子中风了，需要搬到疗养院，是时候要卖掉房子来缓解他们的财务状况了，但是房地产市场在大萧条后并没有完全恢复，并且其他新的度假村也正在开发，这导致价格大幅下跌。此外，由于这是一个以退休为导向的地区，许多其他住宅也在待售之列，因为房主要么已经过世，要么搬到能够提供护理的地方了。这套房子已经在市场上销售了两年，最终需要以大幅亏损的价格出售。这对夫妻本应经济阔绰，但是由于房子在市场上难以脱手，给他们造成了很大压力——这当然不是他们预想的结果。

养老房

人们通常会购买第二套房子，认为自己将在十年左右的时间里把它当作度假屋或周末度假胜地，然后在那里过退休生活。毕竟，他们自认为热爱这个地方，而且这将带来良好的经济效益，但事情并不总是按计划进行的。

我的客户中很少有人最终退休回到他们的度假屋，即使这是他们的初衷。首先，假期通常是奢侈的幻想——你整天在沙滩上放松，打高尔夫球，或在水疗中心按摩，但这可能不适合你退休后的日常生活。此外，退休后注重的健康长寿的生活可能与度假生活大相径庭。例如，良好的医疗设施可能不在度假胜地的首要位置，但如果你或你的配偶需要照顾的话，它们对于退休生活就至关重要了。

另一点值得注意的是，提前 10 年到 15 年做好计划是很困难的，在这段时间里许多事情都会接踵而至。到退休的时候，你的兴趣变了，孩子们长大了，社区也变样了，你可能不想再住在那个地方了。也许，一个新的地方吸引了你，或者你已经意识到了这个地方的不利之处。

在你为全年的生活买单之前，你可能想看看这个地方一年四季都是怎样的。如果你正在选择一个季节性的度假胜地，一定要确保你会很高兴地生活在这样一个旺季挤满了度假者而淡季冷清的地方。这里的气候适合你吗？离亲朋好友足够近吗？社区是否提供你喜欢的活动？退休前，你的大部分时间都花在工作上，但是退休后，你将有更多的时间去追求你的兴趣爱好。

我们建议，在某个特定地点买房子之前，先在那里租几个月，看看你和伴侣是否喜欢住在这个地区，了解这个社区的利弊，并感觉它是否符合你的想象。试着租两个月；如果每月租金为 1 万美元，但你发现这不是你真正想住的地方，那么你就省下了一大笔钱。与度假屋可能需要的 100 万美元或更高的价格相比，这 2 万美元似乎很划算。

权衡风险

当人们需要做出重大决定时，比如买第二套房子，我们作为财务顾问，会尽最大努力进行分析，帮助厘清利弊，以便客户自己做出最佳决定。当然我们会在看到危险信号的地方发出警告，但是无法保证事情究竟会如何发展。有些人天性谨慎，有些人则更愿意冒险。当我们列出我们认为可能会出现的财务状况时，大约有一半的客户会向前冒进，另一半会后退一步。如果他们不确定正在考虑的行动是否明智，我们的分析有时会把他们从悬崖边上拉回来。

有一位名叫玛丽亚的 60 多岁的女性客户，她想要在长岛买一套房子。她家里人口众多，她想回到小时候和兄弟姐妹们喜欢的度假地，想和全家人一起享受。她想支付现金，那房产就要接近 100 万美元了。我们看她的财务状况的角度是，如果她花那么多钱买第二套房子，她是否会相安无事。玛丽亚靠她的投资生活，而我们又无法控制市场，所以经济低迷总有可能造成问题。我们建议她可以这么做，但到了晚年，可能会财务紧张，到时候可能需要出售房产。于是我们询问玛丽亚买下这套房子对她的重要程度，是否非买不可。

她并不着急——她想仔细考虑一下，买海滨别墅对她来说是否有意义。后来，2012 年，飓风桑迪猛烈地袭击了纽约州和新泽西州的海岸，她原本打算买房的地方被摧毁了。那里的房子就算没有完全被冲走，也肯定遭到了严重的破坏。

当客户计划在加勒比地区、佛罗里达州或卡罗来纳州海岸购买度假屋时，我们知道飓风带来的风险很大，但是东北海岸线的风暴并不会引起太大的关注。我们还有其他的客户住在这里，而受灾地区的损失，重建问题和房产贬值给他们的生活带来了很大的破坏。

在这种情况下，如果玛丽亚当初付现金的话，那么巨大的损失可能会造成一场大危机。玛丽亚最终松了一口气，还好她没有购买海滨别墅。我们试图在不让人失望的情况下推测出最坏的情况；我们必须先看看如果一项资产完全蒸发后会发生的最坏情况，然后根据你能承受的损失做出决定。在房地产熊市时，买房的人都很高兴，但你不能指望这一点。所以，做最坏的打算，抱最好的希望。

部分所有权

有时，人们认为分式产权是解决承担过多财务或维护义务这一问题的办法。你可以和其他人一起拥有度假屋，分担费用，分担与产权相关的任务，同时也可以在自己的家里定期度假。或者你可能认为把房子租出去几个月就可以抵消成本，这样一来，房子就成为一项值得的投资。听起来是个好主意，对吧？

不幸的是，分式产权带来的这些问题可能很复杂，而且往往收效甚微。如果你和一位合作伙伴（或多个合作伙伴）一起投资，那么你肯定要和合作伙伴在如何处理房产问题上达成共识。这可能很艰难，因为人们看待生活的方式不同，对待财产的方式也不同。

有些人的孩子或宠物表现良好，有些人的孩子或宠物表现不佳。你需要考虑的是，如果你发现房子没有得到你所期望的照顾，你会有什么感觉，以及这会如何影响你与合作伙伴的情谊；一个家庭有能力改善住房条件，而另一个家庭不能或不想这样做；一个想要 A 类的家电，另一个想要 B 类的家电，更不用说个人对装潢的品位了。想想你的兄弟姐妹，想想解决分歧有多困难；和朋友一起更是难上加难。整个事情可能会变得非常混乱。

我们的客户里有一对夫妻，他们和其他几对夫妻一起投资了度假屋。把房子租出去，每对夫妻都有一到两周的使用权，而且一切进展顺利。但是后来其中一对夫妻分手了，这给安排带来了压力。分手的那对夫妻不能决定哪一方将得到财产，或者谁来支付抵押贷款费用和其他费用，很快大家都不乐意了。最后，共同所有者决定把房子卖掉，结果还亏本了。

当你把房子租出去时，分式产权带来的一些问题会更加严重；只住一两个星期的人就不会像共同所有者那样爱惜房子，虽然大多数租户会尊重房子并遵守房屋规则，但总有些人不会。

如果你决定和一群朋友一起买房，或者出租房子来抵消部分费用，我们建议你考虑聘请一位物业经理，他可以安排清洁、美化、维护和紧急维修，如果你打算出租房子，他还可以负责筛选客人和收取租金。不要小看这些工作，管理租赁财产是一项繁重的工作，而且问题总是在不合时宜的时候出现。虽然聘请物业经理是一项成本，但你能节省下时间和省去麻烦，这可能非常值得。它甚至可以挽救一段友谊或一段婚姻！即使有物业经理，也不要低估出租度假屋所需要的时间、精力和成本。

度假屋房产适合你吗

你努力工作，精心计划，这样你就可以享受退休后的生活。你认为，海边的房子正是你的梦想。如果你正在考虑的房子在你的负担能力范围之内，是一个你计划经常住的地方，并且将成为多年来家人和朋友聚会的好场所，那么这可能是非常值得拥有的生活方式资产。

退一步思考，确保在开始之前，你已经考虑了购买第二套房的各个方面。在自己买房之前，仔细算算这些数字，和那些已经购买了度假屋的人谈谈。如果你确定这对你来说是正确的决定，你就能在深思熟虑后平静地面对现实。

购买第二套房的考虑事项

□ 计算一下：考虑到你将要承担的所有费用，为了实现收支平衡，房子需要增值多少（购买和销售的房地产买卖手续费，加上家具成本和维护成本，通常会在房子初始价格的基础上增加 20%～30%）？看看所有涉及的成本，计算一下为了使你的投资获得 7% 的回报所需的价格涨幅。

□ 确定房子的主要用途——它是一种生活方式资产，还是一种投资资产？

□ 评估这次购买对你每月和每年的开销的影响；不要忘记把屋顶和设备的改建与最终更换以及持续的保养和维修计算在内。

□ 如果你是和朋友或家人一起投资，请用文件形式概述使用和管理这些资产的理念和流程。当一方决定退出时，要明白你将如何处理这些财产。

第五章　谨慎创业

你的职业生涯丰富多彩，充满了成就和金钱回报，现在你打算坐下来享受劳动成果。这是你一直在等待的黄金时间，你期待着探索新的爱好，花更多的时间与朋友和家人在一起。但是经过几个月急需的休息和放松之后，会感到无聊。你珍惜你的新自由，但是当你花时间阅读新闻、打网球或在家里闲逛时，你感觉没有进步——你意识到想要置身事内，而不是袖手旁观。也许是时候重新创业了。

不久前，我与哈里和吉姆一起参加慈善高尔夫锦标赛，他们都告诉我他们曾经几次试图退休。哈里解释说："你知道，我已经退休过一次了，我必须想办法再退休一次。我们有 100 多名员工，其他企业也依靠我们的工作生存。"

哈里第一次退休的时候已经快 50 岁了，他想开一家小型咨询公司，也许可以雇几个人来支持他的工作。幸运的是，生意兴隆。他不放过任何一个机会，继续发展公司，现在在世界各地都设有办事处。他忙于出差，每周工作 50~60 个小时，他没有想到 75 岁了还会做这样的事情。

有些人喜欢长时间工作，甚至在六七十岁的时候也是如此。但是有时候，即使生活并不是他们想要的那样，他们还是会欲罢不能。尽管哈里可能没有他时常希望的那么多空闲时间，但他并不后悔创业。工作支持着他，赋予了他首席执行官（CEO）和企业家的身份，这让他感觉良好。哈里的家人本来想多花点时间陪他，但总的来说，他们也支持他的工作，支持他干事业的愿望。

吉姆就没有那么幸运了。在他第二次从营销主管的职业生涯中退休后，一位密友来找他讨论一个商业想法。吉姆的事业非常成功，他的朋友认为他们会成为很好的商业伙伴。吉姆说："当时，我精力充沛，一想到要建立一个崭新的、前沿的企业，就兴奋不已。"

他们的商业理念是开发一种新型的家用安全产品，该产品需要设计工程师、制造商以及分销和销售系统。如果要成功，所有这些领域都必须执行得很好。一开始，每个人都热情高涨，吉姆还同意担任首席执行官并为公司提供资金。

我问吉姆是否有财务顾问或者会计师帮助他分析业务结构或提供财务分析，他说没有，但是他和他的合伙人已经做好了一些初步的预测并制订了商业计划。鉴于他的回答，我意识到这桩生意的结局并不好，出于好奇，我问了吉姆几个问题：还有其他投资者在资金上支持这桩生意吗？你或合伙人有过创业和生产产品的经验吗？最重要的是，既然你现在已经退休了，还能够保持财务独立吗？

我们进行了很好的交谈，我了解到哪里可能出问题、哪里一定出问题。遗憾的是，在吉姆和合伙人意识到必须关掉生意之前，他已经损失了 100 多万美元。他告诉我："我已经退休了，但是我和妻子的生活并没有达到我们期望的舒适水平。"

注意进入的方式

如果你的工作生活已经持续了几十年，突然停下来可能会很困难。毕竟，你正在从时间被安排得满满当当的工作日转变为固定模式的日常生活，每天可能无事可做，无处可去，没有人会再指望你的洞察力或者敏锐性。

当你面对这种焦躁不安时，你的第一个想法可能是："我会找到一份工作，一份要求不那么苛刻的工作，或者我可能会创业！"想想新的事业，期望干一番能结合自身兴趣和优势的事业，这很令人兴奋。许多退休人员不仅有时间，还有远见卓识和才能。随着人们经常在晚年保持着健康和活跃，作为企业家或个体户开始第二次创业的现象越来越普遍。创业是利用时间和精力赚取额外收入的好方法，如果你提前退休的话

（无论是出于自愿还是因为之前工作的公司重组），创业就特别受欢迎了。

> 2016 年，考夫曼创业活动指数显示，大约 24% 的新创业者年龄在 55~64 岁，而 1997 年这一比例为 15%。

然而，与创业相关的陷阱有很多，如果你没有注意到它们，这些陷阱可能会破坏你的退休储蓄，危及你未来的财务独立性，并搅得你心神不宁。55% 的企业会在前 5 年失败，通常是因为企业家缺乏经营公司所需的技能和经验，或者是因为情绪左右了他的判断力。在这种情况下，企业可能从一开始就定位不佳，或者一开始很坚挺，但随后呈螺旋式下降，而且企业所有者投入过多，以至于不知道何时该退出。拥有一个强大的计划不仅可以减少财务风险，而且可以确保你有足够的能力，为刚起步的公司锦上添花。

有一个可靠的计划

当脱离现实的热情遇到缺乏经验和准备时，一系列问题就会接踵而至。一位客户的经历为我们提供了一个案例，让我们了解哪些事情可能会出问题，让我们看看如何更好地组织和开展业务。

丹在一家跨国制药公司担任经理时赚了很多钱；他工作努力，在很短的时间里成功升职，并且在股票期权方面做得非常好。后来，他在相对年轻的时候退休，选择搬回美国东部，回到他和妻子成长的地方。在那里，他们可以在家人和老朋友身边抚养孩子，享受慢节奏的生活。

不出所料，鉴于丹年纪还轻，以前的工作要求很高，现在他发现步伐慢了并开始感到厌烦。他对寻找另一份传统的工作不感兴趣——他已经在一家公司做了几十年的日常工作，他不想再待在大公司应付等级制度、压力和长时间的工作。

丹的财富水平使他有了一些灵活性——他不需要赚很多钱，因为他的投资组合可以撑得起他的生活方式——而且他对医疗保健领域的创新产品有很多想法。他开始对众多可能性感到兴奋，并展望了一个光明的未来，由他自己执掌一家开创性的初创公司，该公司最终将改变人们保持健康的方式。

接下来，丹创办了一家新公司，和几个对他的想法感兴趣的合伙人一起投入了大量资金来开展这项业务。虽然他开发健康追踪应用的想法很有前途，但他进入的是一个迅速发展的市场，而且他没有创业背景。从零开始建立一个成功企业需要一套技能，这套技能与在一家老牌公司里管理人员和项目所需的技能截然不同，也很少有人具备。

抱着满腔热情，丹的事业蒸蒸日上，他找到了合作伙伴，雇用了员工，租用了场地。不幸的是，他没有停下来考虑这些决定的法律和财务后果。丹以极大的热情和精力快速获得进展，但很快他的公司情况不妙。由于没有正式的合伙协议，合伙人的责任不明确，丹作为租赁和其他合同的唯一担保人，这一身份使他脆弱不堪。他以前从未经营过一家公司，也没有意识到当公司开始走下坡路时，很容易就会被心怀不满的合伙人和投资者提起诉讼。因为他全心全意地相信自己的想法，也不知道何时该放弃，结果损失了数十万美元，而不是像他梦想的那样赚上几十万甚至几百万美元。

企业家需要的五种素质或技能

当客户向我们提出创业的想法时，我们会鼓励他。毕竟，许多人可以用额外的收入来支持他们退休后想要的生活方式，而且许多人还想为这个世界做出贡献。我们不想打击这个人的积极性，但是我们确实想帮助他评估自己是否具备一个成功企业家所需的经验和技能。我们希望帮助他划定企业风险投资的界限，从而保护与长期福祉挂钩的资产。不幸的是，毫无节制的热情可能很难放慢，很难重新定向。

我的经验告诉我，并不是每个人都具备成为企业家所需要的条件。在和我的合伙人一起创立并经营了一家蒸蒸日上的财富咨询公司后，我发现要想做得好必须具备某些特质。如果你想成为一个成功的企业家，你必须具备以下五项基本素质或技能。

1. 你必须有一个强烈的愿景。你必须清楚地知道你想建立什么目标，并且有激情去实现你的目标。

2. 你必须是一个优秀的决策者。作为一名企业家，你必须负责执行你的商业计划；你必须能够针对问题提出一系列可能的解决方案，评估所有的选择，并迅速而自信地决定将带来最佳结果的路径。

3. 你必须适当地管理风险。创业本身就是冒险——这就是企业家精神的本质。但是，一个成功的企业家知道如何评估风险，如何明智地选择，如何最大限度地减少不利因素，以及何时该减少损失。

4. 你必须是一个很好的倾听者。对别人的意见和建议持开放态度，这意味着你可以更深入地了解自己公司的优势和劣势，也会得到更多的反馈，这些反馈可以帮助你避免问题或提供解决方案。

5. 你必须是一个出色的沟通者。你必须能够与他人（合作伙伴、员工、投资者、客户）分享你的愿景，而且你必须能够有效地传达公司里每个人的目标和期望。

在开始任何创业之前，请对你的技能做一个真实的评估。如果你缺乏以上五项基本素质中的一项或两项素质，你可以培养它们，或者你可以找一个互补的合作伙伴来弥补这些缺陷。你可能会发现自己不适应初创企业的不确定性，还会发现另一种类型的工作更令人满意。不要低估创业带来的压力。你需要妥善应对这种压力，否则它将波及你的企业、你的员工和你的家庭。

为成功做准备的同时最大限度地降低风险

在听一位客户介绍她的生意以及为什么这是个好想法之后，我们和她一起探讨了最坏的情况，并扮演了唱反调的角色。客户通常不准备回答我们提出的问题，但是这次谈话使她对业务和所涉及的财务风险产生了思考。这有助于设定底线，当她接近这条底线时，她就应该重新评估是否值得突破底线。

新企业家需要仔细考虑他们创业的商业模式，并对相关成本做出现实的评估，而这些成本往往被低估了。同样重要的是，要考虑以下几个问题：特定业务的法律后果是什么？为了在合理的风险范围内运作，应该采取哪些保障措施？由谁来负责任？

当你正在研究商业模式时，请考虑以下 5 个"P"法则；如果你能制订一份包含这五个要素的书面计划，则可以大大提高成功的概率。

1. 目的（Purpose）：这是贵公司的使命和信念。你和合作伙伴以及员工必须清楚为什么从事商业活动，以及在朝着目标努力的过程中你将如何运作。

2. 人员（People）：你需要了解员工的技能（包括专业技能和软技能）。谁会成为好的合伙人？谁会成为好员工？你还必须了解客户的需求和抱负。

3. 流程（Process）：重要的是建立业务流程，使你能够管理运营，扩展业务以及高效工作。

4. 价格（Price）：你的定价模型必须对业务和客户都有意义。为了制定可靠的定价策略，你需要了解客户，计算成本，评估竞争对手，并决定你需要、想要或者能够产生多少收入。

5. 利润（Profits）：当然，利润与你的收入目标是密不可分的，因此也与定价模型息息相关。充分考虑在定价时收集的所有信息，你应该实事求是地考虑盈利机会是什么，并决定投资是否值得。

一旦你有了 5 个"P"法则，并且确定已经准备好继续前进，如果你正式达成协议，就可以省下很多麻烦。预计财务报表、明确的经营协议、合适的员工合同和工作政策、供应商协议等都是建立公司运营准则和概述各方期望的必要条件。

许多公司在起步阶段都没有经营协议，但是如果你的合伙人在企业中有经济利益，不管合伙人是你最好的朋友、儿子、女儿还是其他投资者，没有经营协议都不是一个好主意。事实上，某些州要求有限责任公司（Limited Liability Companies, LLCs）要制定经营协议。

经营协议以适合所有者需要的方式管理企业的内部运作；它构建企业的财务和组织结构，并为其运作提供规则和条例。该文件通常包括所有权利益的百分比、利润和损失的分配及成员的权利和责任。要确保包含了重要问题的条款：如果你的合伙人或投资者之一被解雇或退出企业，该怎么办——你如何处理他的投资？如果合伙人生病或死亡，你如何处理他的投资？如果一位合伙人想卖掉公司，而其他人不想卖，你会如何做出决定？与其他合伙人进行讨论往往很艰难，但重要的是事先制定明确的规则，并知道每个人都在遵守这些规则。如果没有这样的协议，你至少会面临令人讨厌的误解，在最糟糕的情况下，你会面临代价高昂的诉讼。

尽管书上和网上有大量关于经营协议的背景资料，但最好还是请律师起草或审查最终协议。当然，在签署任何涉及收入、资产和负债的协议之前，你应该咨询你的财务顾问。

如果我们的创业型客户丹能够放慢脚步，仔细评估自己的技能和创建一家初创医疗技术公司所需的技能，他本可以免去巨大的痛苦和财务压力。如果他意识到这已经远远超出了他的专业领域，那么他本可以与那些技能互补的合伙人合作；而且有了适当的协议，他也可以更好地与合伙人分担财务责任。

然而，应该指出一点，与合伙人打交道有其自身的复杂性。尽管我们大多数人都将商业伙伴关系视为一种财务关系，但在许多方面，它更像是一种婚姻关系。这种关系既是情感上的，也是经济上的。你的合伙人越多，关系可能就越复杂，随着时间的推移，敌人和朋友变化无常。

我很幸运能和27年前选择的合伙人在一起。从 SBSB 成立开始，吉姆·布鲁耶特和皮特·斯佩罗斯就一直在我身边。我们的另一个最初合伙人埃莉诺·布莱尼几年前从我们公司退休了。我们也有过争吵和分歧，但最终我们还是彼此信任和互相尊重，就像在一段久经考验但坚固的婚姻中一样。

正如任何关系一样，如果你们在一开始就有明确的目标，明确你们的角色和职责，并进行有效、频繁且尊重的沟通，那么你们的商业伙伴关系最有可能取得成功。

警惕高风险、高成本的创业

尽管每项业务都有一定的风险，但某些类型的业务和行业远比其他的更加不稳定。举例来说，开一家餐厅被认为是一项高风险的业务，因为它需要大量的启动资金、大量的时间和精力，并且取决于良好的地理位置，需要一个取胜的主题，通常还需要一名明星厨师。

制造业是另一个高风险领域，部分原因是它需要大量的资本投资，以及运营、供应链、交付机制等方面的专业知识。

一位名为埃德的客户已经退休，但他仍然有相当多的资本和兴趣来创办一家公司。埃德与几个合作伙伴共同决定成立一家生产木材和强化地板的公司。他的合伙人在该行业中有丰富的经验，因此他们计划由埃德担任财务支持者和首席执行官，而他的合伙人则负责生产、运营、市场营销和销售。毕竟除了埃德之外，其他人都没有经营公司的经验。

埃德的合伙人都是出色的营销和销售人员；他们知道如何与人交谈，如何吸引客户，以及如何使客户满意。他们面临的挑战是如何经营一家制造厂。

地板业务高度依赖于经济和房地产市场，这给公司带来了更多的挑战。即使公司在市场营销、销售和运营方面做得很好，房地产市场出现任何的放缓态势都会给公司带来极大的负面影响。

2008年的房地产危机给公司造成了重创，因此经过几年的艰苦努力，埃德和他的合伙人决定是时候承担损失并关闭公司了。当你的公司运营良好时，开展业务可能会有压力；但如果企业在财务上陷入困境，这种压力就会大上千倍，从而影响工作、健康和个人生活。在开展任何业务时，请注意财务风险和情感风险，这些风险不仅会影响到你，还会影响到你周围的人，包括你的合伙人、家人和朋友。

避免成为"替身"企业家

在创业或事业起步的阶段，帮助家庭是一个老话题。也许最常被挖掘的是父母与子女之间的关系。我们一次又一次地看到这个故事重演：父母——往往是老一辈的父亲——看到了帮助孩子站稳脚跟的机会，急于投资孩子的商业想法。

我们的客户罗恩是一名成功的医生，他为退休攒了数百万美元。他工作到 60 多岁，退休后过得很舒服，可以随心所欲地选择任何一种生活方式。

与此同时，罗恩的女儿艾米开始做时装零售生意，罗恩进行了早期投资。有一阵子，公司做得很好，前景光明。就是在这个最佳状态，当一切稳定的时候，罗恩犯了一个最大的错误。受到创业初步成功的鼓舞，艾米大幅提升了自己的生活质量，在一个富裕的社区买了一套她实际负担不起的房子。由于艾米没有资格申请二次抵押贷款，罗恩成了贷款担保人，为女儿担保抵押贷款。

然而，在 2008—2009 年的经济低迷时期，艾米的公司像许多其他公司一样遭受了巨大的损失。与此同时，房地产价值暴跌，她被房子套牢了。虽然这套房子的市值远远低于艾米当初的购房价格，但是大笔的月供是固定的，而且罗恩作为担保人也被卷入了风波。艾米一家本来安逸地住在一个富裕的小镇上，当生意收入触底时，艾米一家很难调整生活方式，罗恩觉得有必要在经济上给予帮助。很快，罗恩为了维持公司的运转，为了支付女儿的抵押贷款，为了缓解艾米和她的孩子们受到的经济冲击，他不惜血本地帮助他们。

面对企业的失败可能会很痛苦，在罗恩的案例中，事情变得更加复杂，因为这涉及他与女儿的关系。在孩子小时候开始，我们作为父母有时会在孩子的梦想上投入过多的情感（和金钱）——我们甚至可能让他们的梦想成为我们的梦想。为此，我们把希望寄托在他们身上，让他们代替我们去完成我们没有完成的事情。罗恩投资艾米的公司是因为他相信自己的女儿——这是一件好事——同时他也为孩子感到骄傲，因为他的孩子是一个成功的企业家，并且承担了他从未冒过的风险。出于这个原因，罗恩一直支持着公司，即使大多数外界人士都清楚地知道他是在砸钱填无底洞。

为了实现女儿的梦想，罗恩几乎放弃了自己毕生的工作。这不仅使罗恩的财务独立性几近崩溃，而且也给父女关系带来压力。

我的合伙人吉姆·布鲁耶特鉴于罗恩在他女儿的风险投资和抵押贷款上所做的投资，总结了财务顾问的咨询理念：尽一切可能帮助你的孩子，但要控制风险。尽你所能让你的孩子们追求梦想，并在合理的能力范围内，在情感上和经济上支持他们，但是还要关注你的退休计划。请记住，你从财务挫折中恢复的时间是有限的，一旦退休了，就没有多少机会来弥补在创业投资中损失的钱。

寻求建议

很多时候，我们的财务顾问只有在创业或者投资之后才会了解到新的风险投资。（当然，我们也有一些客户在不咨询的情况下就不会投资，这在很大程度上是因人而异的——一些人天生谨慎，而另一些人则更随心所欲或冲动。）

当他们意识到自己确实遇到麻烦时，客户可能会来找我们说："好吧，我现在一团糟。你有什么建议？"虽然我们采用的解决方案是高度个性化的，是针对个人的财务状况和业务挑战而量身定制的，但我可以分享我们的普遍方法。

首先，我们想了解企业存在的原因：企业的最终目的是什么？企业对潜在客户有什么强烈的需求或愿望？接下来，我们需要确定谁参与了业务，并定义这些人的关键角色和职责。然后，我们检查财务报表，评估企业盈利或倒闭的可能性。如果企业倒闭，会有什么后果？评估一下挽救公司需要付出什么代价，同时也评估一下为什么值得挽救。如果你认为企业值得挽救，那么请重新回顾一下前文讨论过的制订商业计划的五个要点。

那些热衷于创业或投资新事业的人往往相信，他们在一件事情上取得了成功，那么他们就可以在任何事情上都取得成功。我们看到过太多在一种职业中赚钱的人对自己在另一种商业或投资中赚钱的能力变得过度自信。他们忘记了为建立自己的事业而付出的努力，忘记了他们成功的运气。如果你认为重新获得成功很简单的话，请三思！

创业可能是正确的选择，但不可能容易。那些希望你投资他们的生意或者成为他们合伙人的人通常会利用你的自负，赞美你的成功。这些都是奉承的话——也许是当之无愧的——但是更应该掂量一下。

当任何客户，尤其是那些已经退休或者快到退休年龄的客户，来找我们咨询关于投资一项新业务（他自己的或者其他人的）的建议时，我们当然希望探索已经积累的资产的机会和下行风险。在这种情况下，了解你可以承受的损失和无法承受的损失会很有帮助。设定一个金额作为你的退休储备金，在企业中的投资不要超过这个金额。就是这样。你不希望你的企业投资打乱你的退休计划，迫使你回到传统的工作岗位来弥补缺口。在创业之前，扪心自问一下，承受经营一家初创公司（即使是一家成功的初创公司）所带来的压力，在你人生的这个阶段是否值得。

并非全都艰难

我们已经研究了创业可能导致退休失败的某些方式，这些方式会危及你多年来为之储蓄的退休生活。但也不必谈虎色变。即使你认为传统的退休生活很乏味，但也有很多选择可以给你更大的自由度和弹性，同时还会给你带来一些由挑战性工作带来的回报。

阶段性退休

首先，如今许多人并不是简单地在某个固定和最终的退休日期完全停止工作。我们正在远离这样一个时代：长期职工会因为对公司的良好服务而获得丰厚的奖励，然后退休回家坐在门廊的摇椅上，或者和其他退休人员一起打牌——就像广受欢迎的"黄金岁月人"① 图像所描绘的那样。

如今，许多人考虑阶段性退休，即他们每周减少工作天数，减少服务的客户人数，或者开始放慢工作节奏，卸下许多工作职责。根据从事的工作类型，你可能会一直工作到 70 多岁，甚至 80 多岁或更晚——只要健康和精神状况允许，就可以从事不依赖于体力或耐力的工作，当然前提是该行业没有强制性的退休要求。

> 根据一个人力资源管理协会——世界薪酬协会的数据，大约 30% 的大型雇主为他们的员工提供一些弹性退休选择，包括兼职和分工安排。

请务必注意，阶段性退休通常会导致薪资和福利的减少，包括健康保险和人寿保险福利，所以你有必要与你的财务规划师和人力资源代表谈一谈，了解这些削减幅度可能会给你的整体财务状况带来的影响。

低风险投资

客户有时会表达对退休生活的厌倦，并寻找方法跟上时代。如果你对此感兴趣，那么你肯定会保持活跃并接受新的工作挑战。我鼓励任何有创业精神的人去探索那些非资本密集型的、容易起步的或者容易退出（当你不乐意或需要改变现状时）的领域。咨询工作（无论是有偿的还是无偿的）和非盈利性工作都是按照自己的方式贡献时间和才能的绝佳方式。

一位名叫保罗的客户从销售工作中退休后，一直渴望让自己忙碌起来。他来找我，让我对他正在研究的一门生意提出一些想法。他说要开一家餐馆或者咖啡店，因为他享受美食，也喜欢当地咖啡店充满活力的

---

① "黄金岁月人"，即老人，尤指 65 岁以上的退休人员，是一种委婉的说法。

氛围，但是我劝他继续想想他喜欢的其他活动。虽然餐馆和咖啡店可以取得惊人的成功，但是它们通常需要大量的资金才能启动，也需要大量的日常关注以及经营餐饮机构的经验。

他继续自己的头脑风暴，我们继续谈论他的兴趣和才能，以及他在这个人生阶段的工作需求。保罗希望在时间上留有余地，还希望为社区做点贡献。

最终，热心的园丁保罗加入了非营利组织的董事会，专门负责当地的植物园。这个董事会还邀请他加入另一个董事会。我本人也曾在多个董事会工作过，并且给保罗提供了一些资源，这些资源可以帮助他充分利用自己的经验。他潜心钻研如何成为一名成功的董事会成员，并最终获得了非营利组织董事会成员的培训师资格。

作为一名明星销售员，保罗了解怎样能激励人们的动机，了解人们是如何做决定的，这种洞察力在非盈利领域具有不可估量的价值。他具备合适的技能，而且乐于传授；此外，这份工作几乎不需要启动成本，而且与他所追求的更轻松的（半）退休生活方式相吻合。咨询和其他销售服务的行业风险相对较低，因为它们需要血汗股权，但不需要太多的资本。保罗现在是一名咨询顾问，收入高达数十万美元，向非营利机构的董事会成员传授如何提高工作效率——同样重要的是，他发现工作令他很有成就感，是他晚年想要过的生活。

保罗的新职业生涯给他的退休生活带来了宝贵的满足感——身份认同感。在退休阶段，找到认同感可能比大多数人认为的更具有挑战性。不要低估了你想做一些有意义的事情的需求，参加一个组织或社区，这能让你全身心投入生活中，让你每天都感觉良好。

找到你热爱的工作

最有吸引力的退休后工作能充分利用你的技能和经验，尤其是你真正热爱的事情。想一想什么会让你着迷，什么是你擅长的。寻找那些能发挥你在工作中所擅长的技能的活动（无论是有偿的还是志愿性的），就算是一个新领域的工作也可以。例如，保罗是一名出色的销售员，他富有活力的个性和人际交往能力在教学和培训中发挥了很好的作用。

除非你是专门为了增加收入而工作，否则不要忽视没有报酬的机会。即使你刚开始做志愿者，也可能获得宝贵的人脉和经验，以后你可以利用它们创造商业机会。

观察一下什么样的环境能让你回馈社会，分享你的专业知识。到退休年龄时，你已经拥有了 30 年、40 年或者 50 年的经验，其他人可以从中受益，而且你会得到无形的回报，将你的智慧传递给下一代，并且在工作中找到志同道合的人。因此，请明确你想对世界产生的影响，并寻找出方法来实现这个目标。

退休是一个你可以投入精力于人生目标的阶段，如果你之前的职业生涯没有展现你的抱负，没关系，现在就是你的机会。有很多方法可以让你施展抱负，甚至无须进行全面的创业冒险。如果你已经确定创业确实是你想做的，那么就做好充分的准备。只有当你缺乏必要的技能或精神，没有适当的计划就开始启动，并且忽视将自己的风险限制在一定范围内时，这样的创业才算是退休失败。具备了对风险和可能性的深刻理解，你就可以在选择的任何工作冒险中取得成功。

给企业家的几点建议

根据我 30 多年来经营企业并与初创企业和蓬勃发展的公司合作的经验和洞察力，如果你想成为一名成功的企业家，你需要执行四项关键任务：

☐ 制订一个着重于 5P（目的、人员、流程、价格和利润）的商业计划。

☐ 创造一种文化，既要包含你的价值观，也要包含员工、客户和投资者的价值观。

□ 围绕增长、管理和生产能力制定公司战略。

□ 享受过程！你、你的员工和你的客户应该喜欢一起工作，并喜欢彼此的陪伴。

第六章　防范诈骗

一天早上，你收到了来自房地产律师的一封邮件，内容与你想要购买的房产有关。这是一个好消息，这笔买卖正在进行中，你只需要按照指示向银行电汇一笔款项就可以了。你继续付款——略多于 100 万美元——尽管你的银行暂时停止了这笔支付，但你口头上继续同意转账。一切似乎都很好，直到你发现律师并没有给你发过这样的电子邮件。当你联系汇款的美国银行时，你发现账户已经被清空——你的钱已经被汇到中国香港的一个账户中。

你可能会认为这种事情会发生在那些不谙世事、脱离社会，或者不了解金融诈骗盛行的人身上。但上述情况实际上是 2017 年发生在纽约州最高法院里一名 50 多岁的法官身上的。尽管我们经常将网络钓鱼诈骗的受害者想象为没有受过教育、天真，甚至开始变得健忘或对细节不专心，当然，符合这些资料的人特别容易被诈骗，但是他们不是唯一被骗的人。金融诈骗的发生率正在急剧上升，而且在技术的帮助下，诈骗也变得越来越复杂。

> 根据《标枪战略与研究》（*Javelin Strategy & Research*）中关于 2017 年身份欺诈的研究，2016 年，诈骗人通过身份诈骗，从 1540 万美国受害者中骗取了 160 亿美元。这一受害者人数比前一年增加了 16%。

财务阴谋的目标

尽管欺诈的发生率在几代人当中都在上升（并且根据最近的一份报告，对于千禧一代来说可能特别高），但对美国老年人的剥削已经达到了流行病的程度，美国大都会人寿保险公司将其描述为"21 世纪的犯罪"。究竟有多少钱从老年人身上被骗走了还是一个大疑问：据大都会人寿保险公司的估计，这个数字大约是每年 30 亿美元，但根据真实链接（True Link）金融服务公司估计，这个数字要再高出 12 倍多，达到 360 多亿美元。

估计数的多样性反映了一个事实，即对金融欺诈和剥削所涵盖的范围并没有标准定义，也没有用于收集和推断数据的统一方法。无论你选择相信什么数字，每年的损失都在数十亿美元之上，因此，显而易见，财务欺诈对那些即将退休或已退休的人构成了巨大威胁。

骗子一般把目标锁定在职业生涯刚刚起步或已经退休的人，其中主要的一个原因是，这一人群通常有相当多的储蓄资金可以利用。此外，年龄较大的人更有可能拥有自己的房子和良好的信用，这使他们对骗子而言更有吸引力。老一辈的人可能还习惯对陌生人保持礼貌，他们经常发现自己很难迅速摆脱不请自来的电话或不道德的销售人员。

骗子把目标对准美国老年人的另一个原因是，他们不太可能举报欺诈行为，因为他们通常担心会被认为没有能力处理自己的财务事务。他们可能会因为上当受骗而感到尴尬，并且也不知道该到哪里举报这种类型的犯罪。无论你是被欺诈的受害者还是你的父母或其他家庭成员被欺诈了，举报欺诈事件以及试图访问您的个人账户都是很重要的，以便当局可以跟踪欺诈模式，提醒潜在的受害者，并起诉罪犯；参考资料列出了部分可以向其报告欺诈的机构。

欺诈的计划从对我们大多数人来说显而易见的计划［我们想知道谁仍然相信尼日利亚王子需要我们的帮助来获取他的资金（毕竟，这种骗局自 20 世纪 70 年代以来一直在流传）］到复杂而有针对性的陷阱，例如，那个吸引了纽约法官的人。

小规模欺诈者可能会从许多受害者那里卷走相对少量的现金，但也有更复杂的方案来促进"投资机会"，这些方案要么不适合个人，要么是完全的骗局，这些方案未能交付与所提供的产品完全相似的任何东西。对一个受害者来说，损失可能高达数万甚至数十万美元。如果你观看电视节目《美国贪婪》的话，你将听到很多人的故事，这些人看起来非常友善，甚至可能属于你的社区或教堂，但他们正在发挥他们的魔力。这些骗子得到了毫无戒心的人的信任，然后他们的"投资"获得了非常健康和一致的回报率。

2015年，真实链接金融服务公司的一项研究表明，近170亿美元是通过技术上合法的但专门用来迷惑和误导老年人的策略而被骗走的。可悲的是，经济诈骗犯往往是曾经遇到过经济困难的家庭成员。

更大的目标，更大的骗局

当然，最大、最著名的金融欺诈案是对全球投资者的警示，它是伯尼·麦道夫的650亿美元庞氏骗局。麦道夫面临超过63000项的指控。麦道夫向两个儿子承认欺诈行为后，骗局于2008年曝光。麦道夫的投资者包括银行、对冲基金、慈善机构、基金会、捐赠基金，以及作家和活动家埃利·威塞尔、演员凯文·贝肯和凯拉·塞吉维克、前州长艾略特·斯皮策的家人、大都会的老板威尔彭等知名人物。

尽管如此大规模的行动很少见，但它们确实发生过，而且还有很多小规模的案例并没有成为头条新闻。在庞氏骗局中，运营商通过新投资者支付的资金而不是通过合法的商业活动为早期的投资者创造收入。当没有足够的新投资者来支付所谓的回报，或者当大量投资者要求兑现时，该计划就会崩溃。

庞氏骗局与传销密切相关，但在一个典型的传销骗局中，参与者需要为一种产品（这种产品可能不存在）招募更多的分销商，而随着计划持续进行所需的新投资者数量呈指数级增长，通常很快崩溃。庞氏骗局可以持续相当长的一段时间，在这种庞氏骗局中，投资者只需要缴纳现金，特别是在参与者将其资金进行再投资而不是获得回报的时候。麦道夫的骗局可能始于 2001 年前后，一直持续到 2008 年底，当时低迷的市场对其运作施加了越来越大的压力。

麦道夫之所以能让骗局持续这么长时间，是因为他控制着文书工作。他作了虚假陈述，向客户显示巨额回报。只要大多数投资者继续投资，只要有新资金流入，他就能够使欺诈行为持续不断。

当潜在的投资者（或政府机构的调查人员）开始深入挖掘并发现这是"绿野仙踪"方案时会发现，庞氏骗局只是一个小人物在幕后操纵杠杆，而不是他期望的大巫师。当有人离得太近并开始提出太多问题时，诈骗者通常会说，"我们不接受新投资者"，从而将潜在的麻烦制造者拒之门外。

实际上，麦道夫利用排他性不仅是为了避开那些问太多问题的人，也引起了对投资的热议。他会告诉那些想要投资的人，公司只接受有限的资金，他必须收回资金。他和其他骗子创造了一种难得的投资机会，投资者必须抓住，否则就会出局。"窗口只会短暂打开，"他们警告潜在客户，"我知道你想投资 10 万美元，但窗口只会打开很短的一段时间，所以也许你想投资 20 万美元或 30 万美元。"潜在客户就会想，"我最好能投资到 30 万美元。"他觉得自己能参与这项投资是很幸运的。

房地产诈骗

我有时看到客户对房地产投资计划或投资房地产俱乐部感兴趣。有一些这样的安排是光明正大的，尽管它们本身就有风险。还有一些是合法的，但过分夸大了可能的收益，不代表这是一项可靠的投资，结果是你的钱在没有回报或低回报的环境中受困多年；还有一些房地产计划是在法律的边缘进行的，甚至完全是欺骗性的，这取决于所作的陈述。

在许多房地产投资或房地产俱乐部中，投资者将钱投入那些承诺对所投资给予高额利息或承诺房地产的价值会有大幅增长的项目中，从而获得巨额收益。任何时候，当你被告知你的回报率保证在 8%、9% 或更高时，你都应该保持警惕。经营企业的人将一半的资金投资于房地产，用另一半的钱向投资者支付"回报"；实际上，投资者得到的回报是他们自己的钱。

虽然经营投资或房地产俱乐部的人正在收取大笔费用，但他表示非常乐观，认为投资房地产在投资期结束时出售确实会产生不错的回报，但最终支付的费用不太可能与承诺的相符。大多数投资者对房地产都比较放心，因为它在过去几十年里一直保持着强劲的升值势头，但他们投资房地产不太可能获得可观的回报，甚至可能会赔钱，尤其是考虑到费用的时候。

对于一个不了解房地产会计的人来说，在此类房地产投资中发现危险信号可能是极其困难的——为了看到这个计划中的缺陷，你需要对房地产投资文件的内容有深刻的理解。

停下来，考虑一下你是否具有正确的知识和洞察力，可以自行做出此类投资决策。在投资任何这些产品之前，建议你让财务顾问审阅文档，与一般合伙人交谈，并提供一些有关房地产在不同投资期间的表现的财务分析。除了彻头彻尾的欺诈之外，古怪的费用、管理不善和可疑的估值通常是这类投资的杀手。一定要事先仔细斟酌投资，否则你很可能长期陷入低劣的投资状态。

年金和不适当的金融产品

任何年龄段的人都可能被高压销售策略欺骗，不道德的经纪人利用潜在客户对市场不稳定的担忧，可能推出对经纪人有利可图但对客户却不合适的金融产品。虽然这一领域的许多活动可能是完全合法的，但它们仍可能利用客户对其所购买产品的误解。当金融产品以欺骗的方式进行营销或其真实成本未被披露时，其行为可能会越界并进入欺诈领域。

老年人或病人可能特别容易受到影响，因为代理人可能会在更短的时间内成功对他们施以诈骗。在某些情况下，代理人会说服年长的退休人员购买期限为 10 年或 10 年以上的年金，并对合同进行结构化，使年金中的现金仍归公司所有，而不是在购买者去世后转移给受益人。一个80 岁的寡妇购买年金是很不寻常的，但我们看到这种事情发生了。

人寿保险和年金也可以在另一家公司或同一家公司兑换新保单，这两种做法分别被称为"扭曲"和"搅动"。代理人称新保单具有更大的价值，尽管在现实生活中，你被增加了退保费和佣金，使得交易对投保人来说代价高昂，但对代理人来说是有益的。实际上，更改保单可能是一个好主意，但年金或人寿保单的任何更新，受益的应该是投保人而不是代理人。如果一个代理人建议你改变你的保险政策或年金计划，你可以询问他是否从交易中获得佣金。如果是，向另一位独立代理人或有资格审查保单的注册理财规划师（CFP ®）寻求意见，并询问你到底是否应该购买或更换保单。

年金对你来说可能是一项合适的投资，但它代表了一项主要的财务承担。你应该确保自己了解合同的所有条款，而且是在一家有信誉的、有执照的、遵守所有适用州法律的代理或顾问公司投资。不要选择那些推销"只在今天"提供的交易或者承诺特别签约奖金的交易。

要知道，以财务顾问身份自称的代理人实际上可能没有财务背景，而且他们可能推行复杂到难以理解的合同，或者收取高额的年费或解约费用。来自穆迪、标准普尔和惠誉等评级机构的报告可以帮助你评估你打算合作的公司的历史，但是最好让一个值得信赖的、独立的财务顾问或税务专业人士，或者两者一起来评估你打算购买的任何金融产品。这些专业人员不仅可以评估产品的财务稳固性，还可以评估产品的流动性问题、适用性问题以及针对你特殊情况的税务影响。

网络钓鱼、电话诈骗和身份盗窃

点击一个可疑的链接，给打电话的人提供个人信息，或者在错误的渠道使用你的借记卡或信用卡——这些事情都可能导致欺诈收费、账户接管、以你的名字开立新账户，以及一大堆其他非常糟糕的事情。有些操作被巧妙地设计得连精通技术的人都迷惑不解，而另一些操作可能看起来很粗糙，但却会让不小心的受害者上当。

事实上，我妈妈在短短几周内就遇到了两件事。一天下午，她接到来自佛罗里达州的一个电话，电话里一个年轻人用颤抖的声音说："奶奶？很高兴你回来了，我真的需要你的帮助。"她说："威尔？是你吗？"年轻人回答："是的，是我，威尔。"

他接着告诉我妈妈，他出了车祸，急需 2500 美元。可以理解的是，她很担心自己的孙子，也很想帮忙，于是她同意了。正当她想知道把钱寄到哪里去的时候，我姐姐插手了。我姐姐正好来拜访，她拿起电话开始问问题，这时那个人挂了电话。

这个家伙利用了一位忧心忡忡的祖母的担心，在她给他提供一个可以声称并利用的名字之前，他只提供了最简单的称呼。但是，即使她没有介入并提供姓名，一些罪犯也会提前对他们的家庭背景做功课，并且知道锁定的目标足够多的个人细节，从而使他们的故事具有说服力。

那个星期的晚些时候，我妈妈接到了"国税局"打来的电话。当美国国税局联系人们时，人们往往会惊慌失措，这些欺诈性的电话可能会咄咄逼人，以逮捕、吊销驾照、驱逐出境相威胁，所有这些都是为了让你立即付款。呼叫者伪造电话号码，使其在你的来电显示上显示为美国国税局，而且他们可能有你的姓名、地址和其他个人信息等详细信息。

根据美国国税局的数据，超过 5000 名受害者向这些骗子支付了 2650万美元。要知道，美国国税局不会通过电话要求立即缴纳税款，也不会在未先邮寄税款账单的情况下打电话询问未缴税款的情况。你也有权上诉。所有这些都表明，你接到的任何声称来自美国国税局的电话都很可能是欺诈电话。如果你接到这样的电话，请立即挂断并向美国国税局报告。

幸运的是，我妈妈知道我掌管着家里所有的主要财务事务，所以她不会在没有征求我意见的情况下就急着付款。一般来说，最好告诉打电话的人，你将把这件事交给你的律师或财务顾问去解决——对方通常会立刻挂断电话。

　　我有一个客户也遇到了一个接近他母亲的骗子，但结果没有那么好。在这个案例中，诈骗是一个彩票骗局，有一份很长的信件伴随着这个骗局。这位老妇人上了年纪，她接到了一个电话，说是她中了彩票，但在支付奖金之前应该缴税。根据电话里那位和蔼的男人所说，100万美元的彩票奖金，其税金共计25万美元，但不需要一次性付清；那人告诉她，他们可以安排分期付款。这个甜言蜜语的家伙描绘了一幅迷人的图画，描绘了100万美元可以如何改变她和她孩子的生活，她被骗子的魅力和骗子对她家庭的关心所左右。

　　虽然她的儿子解释了骗局，并告诉她不会得到任何奖金，但她仍然觉得有必要"支付"，骗子通过电子邮件送来了东西。在她向骗子支付了几笔钱后，她的家人介入，并在日后更多地参与到她的日常财务管理中。

　　骗子依赖于人们想要的东西——一个更安全的未来、一笔能帮助他们或他们的孩子的意外之财和他们害怕的东西——陷入困境的孙子孙女、美国国税局的麻烦——来让受害者不经询问就迅速采取行动。要知道，如果你不能用一个你可以独立查询和验证的号码给对方回电话，那么你就不能提出合法的请求。千万不要给发起呼叫的未知来电者提供个人信息。

亲朋好友的经济剥削

　　金融剥削是一种虐待，在这种虐待中，脆弱的老年人，有时是残疾人，被剥夺了资产，这些剥削通常是由他们身边的人造成的，如家庭成员、照顾者、朋友、邻居或信任的专业人员。经济虐待包括直接盗窃资金或财产，强迫某人签署通常他不会签署的合同或其他文件。有时，其他形式的老年人虐待，例如身体或情感虐待和忽视，会使财务剥削的情况更加复杂。

　　金融剥削被大大低估了。全国成人保护服务协会估计，44个财务虐待的案例中只有一个报告了；90%的施虐者是家庭成员或其他信任的人。

金融剥削往往对老年人或患病的成年人影响最大，他们可能不再有能力来做出合理的决定；他们可能失去了一些认知的能力，被孤立，害怕施虐者或为施虐感到羞愧，又或者是这两者的结合。

无良的家庭成员可能会利用受害人的授权从账户中窃取钱财，为自己牟利。如果共同设立银行账户，让家庭成员轻松支付老人的账单或执行银行业务，这些家庭成员可能会从账户中取出钱，或者兑现偷来的支票，又或者使用借记卡取款。最令人心碎的情况是家庭成员威胁老人或拒绝为老人提供生活必需品或医疗服务，并将老人的财产霸占供自己使用。

虽然绝大多数受雇的护理人员，如家庭健康助理或家庭护士都是从事辛苦工作的正直人，但也有些人会利用他们所照顾的雇主牟利。护理人员利用客户的常见方式有伪造时间表、对未履行的服务收费、用客户的资金支付自己的账单、从客户家拿走现金或贵重物品、将购物或其他用途的零钱装进自己口袋。

如果你有一个你认为脆弱的爱人，注意那些表明他可能被利用的警告信号，比如从账户中取钱，或者对某人的保险单、头衔或遗嘱的意外变更。注意并质疑这样的例子：一个以前掌控财务的人似乎不再能很好地管理财务；他可能正在经历能力的下降，也可能是其他人获得了访问他账户的权限。

如果条件允许，请让多名家庭成员参与照顾和决策；例如，如果家里所有的兄弟姐妹都定期检查母亲的银行账户，那么其中一个孩子或另一个孩子就很难滥用资金。确保你关心的那个人愿意和你谈论任何她所担心的事情；向住在家里的人或者与老人长时间相处的人，比如她的照顾者或其他同伴询问一些问题。

如果你怀疑有人利用你的金钱，你应该质问那个人，并向执法部门报告任何偷窃行为。当地的社会服务机构也可以成为帮助经济虐待受害者的好资源。

保护你自己

幸运的是，虽然各种类型的财务欺诈普遍存在并且日益增多，但你可以采取一些简单的步骤，以防止成为财务欺诈的受害者。

身份盗窃和信用卡诈骗

• 如果你的银行或保险公司打来电话要求提供个人信息，一定要回电话。找到一个独立可验证的电话号码，并且亲自拨打。

• 不要根据电子邮件行事；如果有人通过电子邮件联系你，用一个可独立核实的电话号码给他打电话，口头确认指示。邮政邮件也是如此。给发出询问的人打电话，以确保请求是合法的。

• 不要使用您的电子邮箱名作为您的用户名，并为您的在线信用卡、银行和投资账户设置不同的用户名。

• 千万不要点击那些你不认识的人或看起来可疑的人提供的链接。如果电子邮件是由你认识的人发送的，而你对其中的链接有疑问，请联系此人。点击恶意链接可能会导致额外的文件被下载到电脑上，使电脑遭受攻击，信息偷窃者可以收集网上银行账户、社交媒体和其他网上账户的登录凭据。

• 不要使用容易猜到的银行和信用卡账户密码，比如宠物的名字、配偶或孩子的名字。不要为多个不同的账户使用同一个密码；如果一个账户被入侵，共享该密码的账户也会受到攻击。

• 对于重要的在线账户，特别是银行账户，要设置双重认证，这样你就不能仅凭用户名和密码进入账户。双重身份验证要求机构发送你必须输入的临时代码，或者让你回答一个安全问题。对黑客来说，使用用户名和密码访问账户太容易了。

• 虽然偷证券比偷现金要困难得多，但你也可以为大多数经纪账户设置双重认证。

●警惕偷窃者。这些人恶意窃取你借记卡或信用卡磁条上数据。检查在自动取款机和读卡器上是否有明显的篡改迹象。当你输入个人识别号码时，要保护好你的个人识别号码，如果窃贼依靠摄像头来获取你的个人识别码，这将防止欺诈行为，但如果键盘上安装了个人识别码，这将毫无帮助。

●借记卡本质上就是现金。基于这个原因，我建议你使用借记卡。如果你使用借记卡的话，请保持一个小的余额，并且小心刷卡的场所——加油站的撇渣器是臭名昭著的，它会窃取你的数据。最安全的措施是每6个月换一次你的借记卡，但这样做太麻烦了，所以大多数人都不会这么做。

●经常检查您的借记卡和信用卡账户，及时报告任何可疑活动。如果你及时向银行或信用卡发行机构报告失窃，你就不用承担损失的责任。

●新信用卡一到就马上签名，将旧卡或过期卡切碎或销毁。此外，粉碎所有未使用的预先批准了的信贷申请和任何包含个人详细信息的邮件或文件。

●考虑向信用机构（可飞 Equifax、环联 TransUnion 和益百利 Experian）冻结你的信用卡。然而，冻结你的信用卡既有好处也有不便（和成本），所以这种方法可能并不适合每个人。虽然此举可以阻止小偷用你的名字开设新账户，这也意味着如果你要开一个新账户，例如，申请抵押贷款或汽车贷款，或租一套公寓，你自己也将增添不少麻烦。

●考虑使用身份保护服务进行注销，如 LifeLock 或 Identity Guard。

庞氏骗局和投资欺诈

●我能给出的最重要的建议是自己做尽职调查或聘请经验丰富、独立的财务顾问，如 CFP 专业人士。投资者通常不做他们应该做的分析。他们接受一个想法，是因为他们的亲戚、律师或教会的执事参与了这个特殊的投资；那些朋友说："沃伦·巴菲特正在投资这个。"所以你会想，"沃伦·巴菲特是个聪明人，他懂得投资，这一定很好"。不要随波逐流，不要以为别人已经做了尽职调查。亲自调查一下公司和投资情况，然后求助于第三方审查员，以确保投资是合理的。

●不要雇用负责管理你资产的财务顾问或基金经理，这就是伯尼·麦道夫的骗局能够持续如此之久的原因。你最保险的做法是与使用第三方托管人的独立顾问合作，如嘉信理财、潘兴、富达、先锋、德美利证券或其他有信誉的托管人。第三方托管人每天会为你的资产提供独立的清单和定价。

●提防毫无意义的超额收益。在市场低迷的情况下，每个季度持续的高回报率可能表明报表是伪造的，因为市场波动是正常的。

●仔细阅读文档。了解报告和其他文件是否会受到除公布它们的人以外的其他人的审查。大多数共同基金都要向美国证券交易委员会（SEC）提交文件，所以信息是可用的，晨星公司等第三方公司会审阅这些文件并编写报告，你可以查阅这些报告。在私募股权方面，关键是让一个知道如何评估投资的财务顾问进行独立审查。花钱请专业人士发表意见是值得的，因为大多数人并不擅长评估这类投资。总之，不要基于朋友、邻居、你的律师等进行投资，也不要依赖那些与出售投资产品的公司相关的任何人的评估，即使那个人被称为专家。

听从你的怀疑

每个人都想在几乎没有风险的情况下获得巨额回报，但这显然是不可能的。任何管理股票、债券或其他投资的理财顾问每年都会有一定的波动。如果你被保证可以获得巨额收益，而没有或只有很少的下行风险，或者听说有一项投资好得让人难以置信，那么它很可能是不存在的。正如巴纳姆所说："每分钟都有一个傻瓜出生。"但你不必成为他们中的一个。

保护自己不受骗子的欺骗

□ 提供快速退货和特殊通道的顾问和代理是个危险信号。合法的投资专业人士不会为巨额回报提供担保。许多行骗高手通常从熟人下手，开展业务。

□ 通过监控投资资产以及提问的方式来保护你的资产。选择一个使用第三方托管人的顾问，确保你从托管人和你的投资顾问那里都收到了书面报告。检查这些报告，并对任何看起来不正常的事情提出质疑，比如未经授权的大额转账。

□ 不要因感到压力而急于做决定。花点时间，做好你的尽职调查。你可以通过查看美国金融业监管局（FINRA）和美国证券交易委员会的网站获取相关信息。

□ 骗子善于利用人们的礼貌。所以不要成为"礼貌的受害者"。

□ 不要对电子邮件的请求采取行动。

□ 报告投资欺诈或滥用（详见参考资料）。遭受财务欺诈的投资者往往会感到很难过，不要让受损的自尊心阻止你向适当的主管部门报告。

第七章　注重健康

　　无论你如何描绘你的退休生活——无论你最后是想从事绘画工作，还是和你的配偶在托斯卡纳旅行，或是在社区做志愿者来回报社会——你的所有计划都取决于一定程度的健康和精力。如果你一直拥有强健的体质，你认为你会继续坚持下去。如果你幸运的话，你只需要在未来的某个晚上闭上眼睛——比如说，当你 105 岁的时候——然后在睡梦中平静地死去。

　　但如果事情不是这样的呢？如果健康危机打乱了你的退休计划怎么办？你是否准备好应对突发心脏病、癌症、中风或痴呆发作对你和家人的影响？

　　也许我们永远也无法为这些事情做好万全的准备，但值得对它进行一些思考，并将我们可以做到的应急计划付诸实施，而不是沉迷于一个可能永远都不会实现的未来。它也有助于我们去做一些力所能及的事，去尽可能地保持健康。虽然我们不能控制所有的疾病和衰老，但随着年龄的增长，我们可以做很多事情来维持和促进身体的健康。

　　作为一名金融顾问，我的工作主要涉及客户的投资组合和财务健康，但我也知道全局是至关重要的。生活的每一个方面——财务、人际关系、工作、幸福、健康——都与其他方面息息相关，而你的身体、精神和情感健康，对你享受退休生活的能力以及随着年龄增长保持财务健康都有着巨大的影响。

退休中断

当我把健康问题作为一个扰乱退休生活的因素来讨论时，我主要不是在谈论因医疗条件而使自己破产的问题。当然，这是可能发生的，而且在出现严重的诊断时，通过购买足够的医疗保险和调整社会保险计划来保护自己是至关重要的，但我在一定程度上指的是失去了享受你所渴望的退休生活的潜力——对你自己，也可能是对你的配偶。

不幸的是，生活有时会抛给我们一些难题，我们必须尽力去适应。有时，情侣们会计划退休后四处旅行，或者住在高尔夫度假村，一起享受退休时光。但是，如果一个人的活动水平因健康问题而严重降低，那么配偶就需要改变对生活的期望了。当一方面临健康危机，最终住进养老院或过早去世时，另一方可能会感到失去亲人的痛苦，他们多年来与配偶幸福退休的愿景被彻底地改变了。这些年来，我看到了那些"健康"的配偶，那些没有阿尔茨海默病或没有中风的配偶，那些经常为配偶提供全职或兼职照顾的人，他们在情感和心理上受到了怎样的影响。当健康问题出现时，对整个家庭来说都是一个挑战。

我父亲 60 岁时退休，后来突发致命心脏病，于 71 岁去世。我母亲当时只有 67 岁，现在已经有 19 年没有我父亲的陪伴了。她的经济状况很好，也喜欢花时间和孩子们、孙子们在一起，但是她错过了她和伴侣一起计划的退休生活。失去配偶的陪伴是很痛苦的，即使你很健康，即使身处在一个充满爱的家庭。

不良的健康问题会影响你的退休生活，你无法完全控制它，如果你或你的配偶面临灾难性的疾病，你的退休将受到影响。你能做的最好的事情就是为可能发生的情况做好准备，这样你就能得到经济上、物质上和情感上的支持。意识到我们并不会总是有一个美好的结果，你需要知道什么？

2015 年，十大死亡原因是心脏病、癌症、慢性下呼吸道疾病、意外伤害、中风、阿尔茨海默病、糖尿病、流感和肺炎、肾病以及自杀。这 10 个死亡原因占 2015 年 270 万死亡人数的 74%。

完善你对医疗保健的看法

在做出有关医疗保健需求的重要决定之前，最好先评估一下自己的价值观、目标和对医疗保健的总体态度。对自己的喜好有一个明确的概念，并把它传达给其他人，这样可以简化你的决策，并帮助你随着年龄的增长过上想要的生活。

随着年龄的增长，你更有可能出现一些健康问题，这些问题并不一定是通过医生的检查就能"治愈"的，而是需要持续的治疗——比如，高血压、关节炎、糖尿病、高胆固醇。这样的情况意味着你去看医生和其他医疗保健提供者的次数将会更加频繁——医疗保健将成为你日常生活的一部分，而不是只有在紧急情况下才需要担心的事情。

随着年龄的增长，这些紧迫的问题可能会比你年轻时更加紧迫。在本章的稍后部分，我将讨论预先指令和你需要的文件。在就你的愿望与家人和医疗保健提供者进行对话准备过程中，考虑一下你通常寻求的医疗保健类型，以及随着年龄的增长，你希望得到的是什么。

医疗干预有一个广泛的连续统一体，人们对自己想要参与到医疗保健系统中的程度有不同的看法。你是一个有轻微咳嗽就会立刻去看医生的人吗？还是会等待一段时间，希望任何疾病都会自行消失？你是否更愿意接受严密的医学检查以确保发现任何可能的问题？如果你生病了，你希望得到高水平的干预吗？

这些问题没有正确的答案，无论你是一个极简主义者还是喜欢全力以赴地进行干预的人，这种训练是关于了解你想要得到的治疗类型。了解自己的想法，与爱的人交流你的想法，并拥有一个理解和尊重你护理方法的医疗服务团队，为你会出现的健康挑战做好准备，并在必要时帮助你的家人代表你做出适当的决定。

健康保险

高质量的健康保险是必要的。今天，创新疗法正在治愈疾病，并将一度危及生命的疾病转变为可以控制的状况，但这些进步付出了高昂的代价。如果一个人没有足够的保险，健康危机和慢性医疗问题会以惊人的速度消耗退休储蓄，而退休时的医疗保健需求是一个巨大的不确定因素。

与我共事的客户都积累了一些财富，并为退休储蓄了充足的资金，他们往往都有很不错的医疗保险。有些人有雇主（或前雇主，如果退休了的话）提供的保险，而另一些人有个人保单或通过会员身份获得的团队保险。联邦医疗保险——为 65 岁或 65 岁以上的人（以及更年轻的残疾人）提供的保险项目——可以在个人年满 65 岁时与雇主提供的保险或其他团体保险共同使用，因此，了解特定计划的条款很重要，例如，一些雇主计划将 65 岁以上的人纳入医疗保险计划。因为保险的前景是复杂的，请咨询你的顾问，他可以指导你为你和你的家庭做出最好的决定。

所有有资格获得社会保障福利的人在 65 岁时都有资格获得医疗保险 A 部分（医院保险）和医疗保险 B 部分（医疗保险），有些人是自动登记的（如果他们在 65 岁前至少 4 个月就获得了社会保障福利），而大多数人需要通过注册来享受这些福利。大多数人应该会选择 A 部分，但如果愿意，他们可能会拒绝接受医疗保险 B 部分（需要支付保险费）而选择私人保险。那些高收入人群比低收入的老年人支付了更多的保费，而且这些保费在过去几年一直在上升。私人补充保险可以覆盖医疗保险产生的现金支出，比如共同支付和医院免赔额。

弗吉尼亚医疗计划/保险卡兹集团的负责人和创始人乔恩·卡兹谈到了他看到的客户犯的主要错误。他说，最大的错误之一是人们没有在必要的注册期过渡到医疗保险。如果你在 65 岁退休，很明显，你应该在 65 岁时参加医疗保险（如果你符合资格，并且已经领取了社会保障福利，你将自动参加医疗保险）。但越来越多的人工作到 60 多岁或 70 多岁，推迟了他们的社保福利，对他们来说，情况有点复杂。

当你离职时，你有 8 个月的时间参加医疗保险（假设你 65 岁或以上，并通过雇主获得了符合资格的团体保险）。然而，许多人选择 CO-BRA（综合预算调整法案），该法案允许你自费扩大公司的团体健康保险，并持续 18 个月。乔恩告诉我，人们打电话说，他们已经参加了第 17 个月的 COBRA，所以现在需要转到医疗保险，而我必须让他们明白，没有办法立即这么做，他们的余生可能要付出相当大的代价。

如果你有 COBRA 并参加医疗保险，你的 COBRA 可能会终止；但是，如果你在有资格参加 COBRA 时已经参加了医疗保险，那么根据目前的协调福利规则，你被允许加入 COBRA 中。请与你的健康保险代理人和（或）你雇主的人力资源部门确认你在适当的时间内参加了适当的计划。

由于 COBRA 即使与公司的计划相同，也通常不符合医疗保险定义下活跃雇主的团体健康保险资格，因此，如果未能在适当的时候报名参加医疗保险的 B 部分，意味着你必须等到一般登记期（1 月 1 日至 3 月 31 日），你的保险也得等到当年 7 月 1 日才会开始生效。

大多数没有按时参加医疗保险计划的人需要确保一个过渡性医疗保险计划来弥补这个缺口，这并不是那么容易就能做到，这取决于你的健康史和居住的地方。这样的计划通常会排除已有的条件，你甚至会被完全拒绝。当你收到医保 B 部分时，你也可能收到延迟注册的罚款，相当于你本可以拥有 B 部分但没有注册的期间中每 12 个月有 10% 的罚金，并且这种高额罚款将持续到您参加 B 部分的整个时间。

乔恩指出，客户不知道的另一个问题是如何在医疗保险优势计划（C 部分）和原始医疗保险（A 部分和 B 部分）之间做出决定，后者通常会增加补充保险。几乎在每个案例中，卡茨都建议参加传统的医疗保险方案 A 部分和 B 部分，再加上补充保险，包括 D 部分（处方药覆盖范围）。虽然医疗保险优势的典型特征是保费较低，但乔恩认为这是一种虚假的经济现象。医疗保险优势计划的灵活性较弱，因为你必须从一个更有限的网络中选择提供者，而且如果你发现自己对计划不满意，以后可能很难或不可能去改变计划。此外，医疗保险优势计划的覆盖范围可能存在缺口，目前在许多地区没有补充计划。

乔恩的一个客户在一次事故中严重受伤，他觉得从他计划的网络供应商那里得到了不合格的护理。然而，他现有的医疗问题意味着无法获得医疗补助计划。他避免接受医疗保险的唯一办法是：搬到一个新的州，或者保险公司将该产品从市场上撤下来。不幸的是，乔恩说客户们都哭着给他打来电话，因为他们正在接受的医疗服务，由于限制性的计划内网络而无法换到新的保险服务提供者那里，这让他们非常沮丧。

关于健康保险的讨论中还有一点需要注意，那就是你的成年孩子的保险范围。尽管《患者保护与平价医疗法案》的一项条款允许孩子们在26 岁之前享受父母的保险计划，但到了老年仍然无力负担自己健康保险的孩子可能会选择不购买保险。不幸的是，一个悲剧性的意外或毁灭性的诊断可以把它变成一个灾难性的决定。

作为父母，你会倾向介入，确保你生病或受伤的孩子得到最好的照顾。这是一种自然反应，我不知道有哪位父母会不这样做。但是，根据你的储备金多少有所不同，这个事件可能会严重影响你家庭的财政状况。

和你的成年子女谈谈他们的保险范围，如果他们没有医疗保险，而你又有能力为他们提供补助，你可以考虑帮助他们缴纳保险费。这样的话，如果发生了一些不可预见的紧急健康情况，你的孩子将会得到医疗保险赔付，而你将能够专注于帮助孩子康复。

长期护理

长期护理保险可以帮助我们支付一些医疗保险不包括的服务，因为它们不是严格意义上的医疗护理。这种类型的护理通常包括帮助穿衣、洗澡、行走、进食和其他日常生活活动。长期护理（有时简称为 LTC）

旨在帮助患有认知障碍、慢性疾病或残疾的人在生活中尽可能保持最大限度的独立性，而如临终关怀或恢复这些短期护理都以康复为目标。（我们将在后面"生命的不可预测性"中讨论残疾保险，残疾保险有助于弥补那些不能再工作的人失去的收入。）

> 1975 年至 2015 年，美国总人口的预期寿命从 72.6 岁增加到 78.8 岁。男性预期寿命从 1975 年的 68.8 岁提高到 2015 年的 76.3 岁，女性预期寿命从 1975 年的 76.6 岁提高到 2015 年的 81.2 岁。

当人们想到长期护理时，通常会想到疗养院，而这确实是长期护理的一部分。然而，长期护理也可能包括家庭照护、辅助生活、日托、暂托或阿尔茨海默病机构的照护。大多数长期护理实际上是由家庭成员或朋友进行的，但有偿照护者可能会补充或取代家庭提供的照护——而且当一个人变得更加虚弱或其认知能力受损时，对照护的需求可能会增加。在必须支付服务费用的情况下，服务的费用差别很大，具体取决于所需要的服务、提供服务的环境和国家所属的区域。

长期护理的保险保单补偿投保人与日常生活相关的护理费用。购买长期护理的保险时，你可以有不同的选择，成本的溢价取决于很多因素，包括年龄、购买的保险单、保险单涵盖的时间段（天/年的利益最大化）、保险公司将支付最大额度、由开始加入护理到开始生效之间必须间隔的时期（称为消除时期），以及你可以选择的保障权益。因为有如此之多的选择——包括放弃 LTC 保险和自费支付护理费用——所以根据需要制订一个计划是一项复杂的事情，请向你的财务顾问和/或持牌保险经纪人咨询，他们将帮助你做出选择。

此外，要知道年龄较大或健康状况不佳的人可能没有资格获得长期护理保险；购买 LTC 保险的人的平均年龄是 60 岁，而通过雇主购买保险单的人的平均年龄是 50 岁。近年来，长期护理保险的成本急剧上升，鉴于美国人口的老龄化，这一成本可能还会上升。还要注意的是，你的保费可能会随着时间的推移而增加（尽管有些保单提供通货膨胀保护），所以在购买保单之前，请检查保险公司的保费上涨纪录。

> 根据美国卫生与公众服务部的数据，现在 65 岁以上的美国人有将近 70% 在其晚年需要某种类型的长期护理服务。

长期护理保险不是每个人都需要的，也没有一种方法是万能的。当我与客户谈论长期护理时，我们不仅会关注他们的财务状况（资产加收入），还会关注他们的家庭健康史。

例如，在我的家族中，男性的寿命往往不长。我们家族没有阿尔茨海默病，但有致命的心脏病史。看了一个男性亲戚的 LTC 计划后，我认为 5 年的保险可能是合适的。我可能会给那些有长寿史和阿尔茨海默病病史的家庭一个不同的建议，因为患有阿尔茨海默病或其他形式的痴呆症的人可能需要 10 年或 15 年甚至更长时间的护理，尽管这可能正在改变。

最近，在飞往旧金山的飞机上，我与我旁边的一位男士进行了交谈。我们谈到了老年人和阿尔茨海默病，他告诉我，有一些突破性的研究显示了预防甚至逆转这种可怕疾病的方法。我被这一谈话吸引住了，于是我询问了他的研究，结果却发现坐在我旁边的是戴尔·布莱德森博士，他是《纽约时报》畅销书《阿尔茨海默病的终结》的作者。我可真幸运！阿尔茨海默病和许多其他疾病剥夺了人们在退休后的健康岁月，当我们得知医学研究正在寻找治疗这些疾病的方法时，我感到非常振奋。如果你的家人中有阿尔茨海默病，我强烈推荐布莱德森博士的《阿尔茨海默病的终结》这本书。

然而，在医学研究人员找到所有与年龄有关的疾病的有效疗法之前，我们将不得不面对这样一个现实：有些人将需要长期护理，而这可能是昂贵的。在与纳托维兹集团的总裁和创始人、三桥合伙的个人解决方案团队成员金·纳托维兹的谈话中，我问她有关长期护理保险的决定对她客户的退休有什么影响。金在保险行业工作了 25 年，有很多故事可以讲。

她举了一个例子，有一对快 50 岁的夫妇问她关于 LTC 保险的问题。罗伯特是个体经营者，而艾伦是县级雇员；作为他们所居住县的一名雇员，艾伦有机会为自己和她的丈夫参加 LTC 保险计划。金姆评估了这个计划，并说服这对夫妇申请保险，但他们认为他们还年轻，目前还不需要。不幸的是，不到一年，艾伦就得了动脉瘤，在重症监护室住了好几个星期。最终艾伦回到了家，但她的认知和身体都有了缺陷。艾伦的残疾津贴将弥补她失去的部分收入，但这对夫妇仍然需要自费支付艾伦的长期护理费用。

在妻子长期的健康危机期间，罗伯特的生意受到了严重影响，他的收入不太可能恢复到之前的水平。此外，他一直通过艾伦的雇主获得医疗保险；由于残疾，艾伦将有资格获得医疗保险，但罗伯特将需要购买自己的健康保险（每年花费大约 1.1 万美元），直到他也有资格获得医疗保险。

金·纳托维茨描述了另一对夫妇贝弗利和迈克的状况，他们在成为空巢老人后决定离婚，并与顾问们进行了合作。由于资产分割，他们失去了一个内在的看护人和部分储蓄资金，所以顾问们建议每个人都应该投保 LTC 保险。

尽管金解释说所有的福利都可以用于家庭健康护理，但是迈克说他一直以来都不想进养老院，所以他选择不买保险。几年后，迈克患上了轻度中风，日常活动都需要帮助。因为他自己无法支付护理费用，也没有购买长期护理保险，他的成年子女一直在共同支付他的护理费用。他们因照顾父亲花的钱使他们无法为孩子的大学账户和自己的退休账户提供足够的资金，这很可能会对这些家庭的未来产生负面的经济影响。

在考虑长期护理保险时，存在很多假设。当我们与客户交谈时，我们会列出各种设想，并讨论在不同情况下可能发生的事情。最后，和任何类型的保险一样，如何作出决定取决于风险：你需要为长期护理服务买单的可能性有多大？如果没有 LTC 保险，你有足够的资金来支付你所需要的费用吗？如果需要的话，你愿意用你的财产来支付这笔费用吗？

克里斯托瓦尔协会/智者标记咨询机构的国际金融理财师维格克里斯

托，是国际金融理财师从业者和持证的保险经纪人，他说他的一些客户选择自保，认为自己不需要长期护理，或者他们以后将支付的金额小于花在保费上的钱。他说，客户不愿意购买 LTC 保险的最大原因是他们担心或认为自己不会得到任何好处，这是一个要么使用要么丢弃的命题。不过，现在瓦尔给他的一些客户提供了另一种选择，一种新型的混合方式，就是将长期护理保险与人寿保险或年金结合起来。虽然这类保险通常需要一大笔的预付保险费，但如果你未来需要长期护理，它们就可以有效地保护你。这些保险单可能非常复杂，所以一定要有一个独立的顾问来解释你可能购买的任何保险单的利弊。

在某些情况下，长期护理保险可能对你的财务状况没有意义。我们有几位客户，他们拥有大量的资产，家族健康病史一直延续到他们生命的最后，所以他们选择不购买 LTC 保险单。

在过去大约 20 年的时间里，我的一个客户彼得，每年都会问我他是否应该买长期护理保险，我经常和他开玩笑地说，如果他搬进养老院，他和妻子会省下一大笔钱。他过着奢侈的生活，只有他不再出游，不再旅行，不再把吸引他的东西买下来，他的开支才会减少。对他来说，LTC 保险单在财务上没有意义。我们检查了他的投资组合并向他展示，如果他和妻子需要长期护理，他的资产和养老金收入可以让他们生活得很好，这让彼得感到安心。彼得在几年前去世了，享年 85 岁，他从来没有过需要 LTC 保险的时候。

制订计划

考虑到疾病和死亡任何人都不想要，所以我们倾向于将它们推迟。但在危机发生之前，明确你的愿望往往是你能为你所爱的人做得最好的事，并确保你得到充分治疗和财务稳健。预先指导家人和医生了解你想要的医疗干预类型，并阐明如果你不能自己做决定时，你有权让谁代表你行事。

如果你或你的配偶发生了什么事，之前没有把你的遗产文件整理得井井有条，将会是一个重大错误。这种情况我们已经见过很多次了，一个人死亡或丧失行为能力，而他的家庭没有遗产文件或文件已经失效，会造成巨大的压力。在某些情况下，治疗费用对未亡配偶和家庭来说是极其昂贵的。如果你在过去的 3 年到 5 年里没有更新你的遗产文件，我强烈建议你去找一个有经验的房地产律师和财务顾问来完成更新。

预先指令包括两种类型的文件。

● 生前预嘱。生前预嘱，有时也被称为预先健康护理指令，它详细说明了你对各种维持生命的方法的偏好，如管饲和水合、心肺复苏、用呼吸机治疗或手术。

● 委托书（POA）。如果你没有能力做选择，这份文件可以指定一个你信任的人来代表你的利益（作为你的"代理人"）。委托书的类型多种多样，授予的权力也各不相同。你可以选择一个人来为你的医疗保健委托书做决定和选择另一个人来处理财务问题。任何授权书都可以是"持久的"，其中包括在授权书到期时，如果你丧失了行为能力或精神上的能力，代理人可以自动延长代理的权利。

根据管辖区域以及如何起草文件，委托书可能会立即生效，或者它可能在触发事件后的某个时间点生效——这就是所谓的突发授权书，因为文件一旦需要就会马上生效。

预先指示必须是书面的，每个国家对创建这些法律文件都有自己的形式和要求。由于有些州将生前遗嘱和医疗授权书合并为一个预先指令。还要注意，术语因州而异。因此，指明健康护理的委托书也可称为医疗或卫生保健授权书、持久的健康护理授权书或健康护理代理书。

在选择医疗授权书时，选择一个理解并愿意尊重你意愿的人。在理想情况下，这个人会很自然地询问医疗专业人员，能够理解实际情况，并且有能力做出你想要的决定。

如果你不能这样做，财务授权书可以帮你处理财务事务。当然，你应该选择一个完全信任的人，在你没有能力时帮你做决定，让他以最符合你利益的方式处理财务问题。

你的委托书和你的医疗服务提供者应该有任何预先指示的副本。你的委托书还应该有你的医疗保健提供者以及财务和法律顾问的联系信息，并且阐述了如何访问你的重要账户。确保你的授权书是最新的，如果你的授权书因为任何原因无法使用，请指定一个新的授权书。你也可以在遗嘱执行后改变它（推进医疗保健指令）。如果您确实更新了文档，请确保分发新的副本，销毁旧的副本。你的律师和财务顾问将帮助你浏览所在州要求的特定表格，并确保所有的法律条件得到满足。

诊断后要采取的步骤

虽然事先的指示对每个人都很重要，但如果你被诊断出病情严重且进展缓慢，这些指示就更重要了。如果你或你所爱的人被诊断出患有一种可能会使人衰弱的疾病，请开始和顾问一起调整你的财务和财产计划。

你的个人诊断将对你的计划有很大的帮助。尽可能多地了解你的疾病可能如何进展，因为你的需要将取决于你的症状和能力的性质。你能继续工作吗（如果你还没有退休的话）？你是否需要改变你的家庭环境以使你能很好地工作（例如，你是否需要改造空间以容纳轮椅或其他装备）？你是否需要一个带薪看护来帮助你完成日常生活的任务？你将来需要全职护理吗？

一旦你有了信息，并与你的财务顾问分享，他可以修改你的投资组合，以考虑你可能产生的费用。这让我们回到了在本书第一章中讨论过的退休漏斗和你的投资组合分配。如果你预期开支会增加，你可能会想调整投资组合策略。

如果你没有预先指示，现在就起草；如果你的预先指示已经执行，请根据你的健康状况在需要时回顾和修改它们。某些具体情况可能需要你重新考虑生前遗嘱中的某些参数；如果你患有慢性疾病，与你指定的代理人交谈，确保他们仍是你的代理人——鉴于你被诊断患有慢性或使人衰弱的疾病，这项任务可能会更加艰巨。

健康老龄化

虽然健康危机随时可能发生，而且随着年龄的增长更有可能发生，但随着年龄的增长，我们还可以做很多事情来保持健康，甚至改善某些方面。衰老是一个正常的过程，这是生物自然轨迹的一部分。尽管无数的食品、产品或项目的广告承诺有"逆转衰老"的效果，但是目前没有任何科学可以实现这些承诺。相反，在你的退休生涯中，更应该好好想想如何以健康的方式变老。

在任何年龄，你都可以培养让自己感觉更好、提高生活质量的习惯：

• 吃好。为你的身体提供合适的营养成分以及保持健康的体重，这样可以帮助你保持活跃，减少看医生的时间。如果你被诊断出患有慢性疾病，均衡的饮食尤其重要。

• 保持锻炼。作为保持身心健康最重要的方式之一，有规律的锻炼可以帮助延缓或缓解常见的慢性疾病，包括心脏病、背部或关节疼痛、糖尿病、抑郁症和关节炎等。一项包含柔韧性、力量、平衡和耐力训练的锻炼可以抵消身体衰老带来的诸多影响。多尝试新鲜事物，比如瑜伽或当地健身房的其他课程，让锻炼充满乐趣和吸引力。

• 锻炼你的大脑。某些思维领域的衰退（记忆的轻微变化和新信息处理速度的减慢）是衰老过程中正常的一部分，但研究表明，精神刺激等生活方式可以减缓认知能力的衰退。任何让你的大脑忙碌的活动都是有好处的，比如读书、写作、学一门新语言、参加课程、做填字游戏，或者开始一些新的智力冒险。

• 保持良好的睡眠卫生。老年人和年轻人一样，每晚需要 7 个到 9 个小时的睡眠，不过他们通常睡得更少。睡眠不足会导致易怒、记忆力减退、抑郁，甚至会导致诸如心脏病和心血管等疾病。请至少在睡觉前一小时关掉电视、电脑和亮光，不要使用背光设备阅读，如平板电脑或某些电子阅读器。

• 丰富你的人际关系。很多较年长的男性生活孤独，在退休、失去配偶、健康状况恶化或朋友或前同事去世后，他们可能会感到被孤立。请与朋友和家人保持密切的情感联系，即使你们不住在同一个地方了。社交平台让这变得更容易——如果你需要，就向你的孩子或孙子请教。找一个可以每天陪你散步或者送你去健身房的人作为锻炼伙伴。

●改掉不良的健康习惯。如果你是一位吸烟者，戒烟可能是你能做的改善健康方式中最好的一样。与吸烟相关的健康风险包括心脏病、肺气肿、肺癌和其他各种癌症。同时还要注意酒精的摄入，如果你觉得自己饮酒已经成为一个问题，请向专业人士寻求帮助。因为久而久之，过度饮酒会导致肝和脑损伤以及某些类型的癌症，还会加剧糖尿病、高血压、记忆力减退和中风等疾病。此外，酒精会让你更容易摔倒和发生包括车祸在内的其他事故。

多福多寿

如果幸运的话，你将在退休后过上几十年你之前已经计划好的生活。有时候，运气是我们自己创造的——或者至少给它一个坚定的推动力——所以，尽可能长时间地保持健康吧。理想情况下，你希望你的健康能像你的生命一样长久。无论你的未来如何，都要做好准备，为你的健康需求提供合适的保障。

确保你拥有保险

□ 评估你的保险需求，包括健康保险和长期护理保险，确保你得到了充分的保障。

□ 确保预先指示到位（生前遗嘱和授权书）。

□ 培养良好的健康习惯，根据你的年龄和个人健康状况，进行例行检查和保健。

□ 享受你的生活，充分利用与家人和朋友在一起的时间。

第八章　未雨绸缪

在 2008 年和 2009 年的经济大萧条期间，很多公司都因为收入下降、利润被挤压，从而陷入了困境。工薪阶层失去了工作，家庭也陷入了困境；股票、债券和房地产的资产价值减半；而且，对于许多家庭来说，他们的债务增长超过了他们的资产（尤其是他们的房子）。这是一场全球性的衰退，它影响了每个人。

在 2008 年，大多数金融专业人士和投资者没有预料到这场大萧条，它影响了几乎所有人和所有投资资产。基于对经济前景的分析，我们公司在 2007 年秋季开始采取了更为谨慎的投资策略，并在 2008 年中期将大多数客户的高风险资产（主要是股票）减少了 20%～50%。这一策略对于我们的客户来说非常有效，尽管客户在经济低迷时期仍然损失了一些钱，但几乎每个投资者都是如此。

在经济衰退期间，许多公司不得不削减开支和裁员。我的家人亲身经历了这一切。我的哥哥和妹夫都被他们的公司解雇了。当时两人都年过半百。两人都觉得虽在意料之外，却也在情理之中。尽管他们知道公司正在裁员，但他们不希望自己被解雇。

但正如我的兄弟比尔所说："当销售急剧下降时，你还需要多少销售人员？"他在一家大型电脑公司做销售，而且业绩喜人。当利润大幅下降的公司决定裁掉谁、留住谁时，它们通常会倾向于留住三四十岁的员工，因为他们的工资更低，而且还有更多的工作时间。

尽管许多公司在裁员期间对他们的员工很慷慨，提供了额外的工资和救济金，但失业仍然是一个重大打击——这意味着那些突然面临失业的人必须思考接下来该怎么办。

大萧条无情地提醒我们，最周密的计划也会出错。有时你在人生道路上前行，一切都是按照既定的计划展开的。你有一个蓬勃发展的职业和健康稳定的收入，你明智地投资和为退休储蓄，世界看起来对你十分友善。但情况会迅速变化，你可能会突然面临一条比你刚开始走得要更加坎坷的道路。当然，尽管你不能为意外做好充分的准备，但你可以采取一些措施来确保你处于一个有利地位，去尽可能顺利地完成整个旅程。

在本章中，我们将讨论如果你没有及时做好准备则可能会对你的退休生活产生潜在影响的一些事件。虽然根据不同的情况有不同的解决方案，但确保你未来财务状况的最好方法之一就是为自己投保。缺乏适当的保险意味着一场危机可能会对你的储蓄造成巨大的损失。投资适当的人寿保险、残疾保险和伞形保险可以帮助你在发生意外时避免经济困难。

当我们和客户坐下来做财务独立分析时，我们其实是在展望未来的20年、30年、40年或50年。我们自认为有一个很好的计划。但如果你问"这个计划会出什么问题呢？我们应该为紧急情况或意外事件做什么准备？"的时候，我们的计划会锦上添花。

没有预见到它的到来

被迫提前退休是人生中经常不可预见的事件之一。雇员福利研究所的数据显示，47%的退休人士因为残疾、裁员或需要照顾家庭成员，在预期退休之前退休。提前退休会对退休计划产生毁灭性的影响，因为工作生涯的最后几年通常是收入最高的时候，对高收入者来说尤其是这样。

如果你被迫提前退休，花些时间回顾一下你的情况。当然，你的地位会影响你的一些选择，遭遇事故或需要照顾所爱的人与被迫失业时需要采取不同的行动。但无论你的情况如何，你都需要重新评估计划，做出必要的调整。

首先，检查你的养老金和投资。根据你的资产水平和距离目标退休年龄的年限，推迟退出你的个人退休账户（IRA）、401（k）或其他退休账户可能是一个明智的选择，这样你就可以为未来留下保障。

你还应该看看你可能有权获得的福利，比如社会保障、医疗保险或其他健康保险，以及残疾或失业福利，如果你的条件都适用上述福利的话。如果你还没有达到申请社会保险或医疗保险的年龄，你需要挖掘其他的选项。如果受伤或使人衰弱的疾病是导致你提前退休的原因，那么我们将在下面讨论的残疾保险是至关重要的。

你的最佳选择将取决于你对投资组合和收益的回顾——你可能需要削减开支或增加一些额外的收入，以缩小失去固定收入后所导致的差距。

当然，要想在失业后恢复收入，最简单的办法就是找一份新工作，但在经济困难时期或步履蹒跚的行业，这说起来容易做起来难。你需要在重新评估技能和职业的可能性时，考虑一些兼职或咨询工作来增加你的储蓄。

你的财务顾问可以通过分析你的现金流，来预估你的钱可以用多久。他或她还可以根据你的个人需求对支出和投资组合提出调整建议。

正如我之前所提到的，我的姐夫弗兰克是2008年经济衰退期间意外被解雇的高管之一，我们正帮助他管理资产。他是一家大型化工公司的高级经理，在年过半百的时候，得知了自己被解雇的消息。在严重的经济衰退期间，公司通常会从高层裁员，把收入相对较高的高层管理人员裁掉。这些企业需要留住一线员工来维持公司的运转，它们还需要一定数量的管理人员来组织和监督工作，但通常它们会决定牺牲许多员工以削减开支，尤其是那些已经在职业生涯中做出一番成就的员工。而一个五六十岁的人，通常已经处于赚钱能力的顶峰，他们可能很难找到其他能提供同等薪水的工作，尤其是在经济动荡时期。

幸运的是，弗兰克和我姐姐精打细算，在理财上也很谨慎。在彻底分析了他们的财务和退休计划后，我们得出结论，即他们在经济上是足够独立的，如果弗兰克想永久性地退休，那也没有问题。他们的收入来源和投资组合将足以维持他们目前的生活方式。当意识到这一点时，他们如释重负。

但是，弗兰克还没有为完全停止工作做好心理准备，所以他开始做一些咨询工作。他挣的钱足够负担一部分家庭开支，而且工作时间灵活多变，这给他留出了足够的时间来追求他的热爱——努力提高高尔夫水平。由于他们有周密的计划，每年都勤于储蓄，量入为出，投资明智，弗兰克和帕姆才得以从容地接受他的失业。他们现在回想起来，觉得因祸得福，因为如果没有裁员，弗兰克就不会放慢脚步，他们也不会像现在这样享受生活。

我哥哥是一名推销员，所以他顺利地度过了这次危机。一家小公司把他挖了出来，一年半后，他的前雇主需要一名有经验的销售人员，于是又把他招了回去。大多数在2008年国际金融危机中失业的人在需要工作的时候都被重新雇用了，但即使在没有经济衰退的情况下也会发生裁员的情况。一些行业正在收缩，企业正在经历剧变。这个阶段，就算那些自诩相对安全的员工也可能面临被解雇的风险。这段经历让很多人停下来思考："我的孩子很快就要上大学了，我是否需要重新考虑我能给他们提供什么样的财政支持？他们需要考虑上公立学校而不是私立大学吗？""我需要重新考虑住房问题吗？也许我们应该减少抵押贷款和财产税""我们需要削减多少开支？我应该放弃度假安排吗？"

我们应该做的是坐下来，制作一个长期的税收和现金流模型，根据你的具体情况来进行退休分析。关注你的资产和支出，包括目前的和预计的，思考如果你没有得到一份替代的工作，情况会是怎样的。再看看如果得到的是一份薪水低得多的工作，情况又会是怎样的。你能花多少钱？你的钱能用多久？为可能出现的情况建模，这样你就可以对未来的不确定因素有一个清晰的了解，并确定你的选择是什么。不只关注2年或3年，而是10年、15年或20年的未来情景，这样就能体会到上述方法为你带来的长期效果。

残疾

有时，人们的工作与生活会受到短暂的或长期的，甚至是永久的干扰——因为他们遭遇了事故或疾病，丧失了工作中必需的基本能力，从而使他们无法继续工作。人们在工作期间受伤的可能性远远要大于退休前死亡的可能性，但大多数人更倾向于投保人寿保险而不是伤残保险。

从宾州州立大学毕业后，我在华盛顿特区租了一套公寓。我和隔壁邻居杰夫很快成了朋友。杰夫是一名年轻的医生，而我是安永会计师事务所的一名注册会计师。杰夫会问我有关税收的问题，而我每年会去他那里做年度体检。还有什么比建立这样 40 年友谊更好的方法吗？

那么，这些和残疾有什么关系呢？许多年后，杰夫的右手出现了神经问题。他正积极向医生寻求帮助，担心自己无法继续行医。

幸运的是，杰夫有一份保障力度很大的伤残保险。与许多其他的残疾不同，杰夫的病不是突然发作的，这种神经损伤是日积月累导致的。这种缓慢的恶化和他是否能够继续从事工作以及是否真正有资格领取伤残抚恤金的不确定性所造成的压力是很大的。而杰夫这种"为自己职业投保"的保险类型是正确的——如果他无法继续在自己的专业领域内工作而不是没有能力从事任何职业或工作，保险就会生效。因为这份明智的保险，他能拥有一个健康舒适的退休生活。而如果没有这项政策，杰夫要想早点退休并且继续他现在的生活方式，即使不是不可能，也会是非常困难的。

在你无法工作的情况下，伤残保险对维持你的经济稳定至关重要，你必须有一个具有正确定义的策略，才能获得最大的利益。正如我们在杰夫身上看到的，如果你不幸残疾或者遭遇了严重的事故限制了手的使用或者降低了认知能力，你仍然可以工作。例如，你或许完全有能力在百货公司卖男装，但如果你曾是一名神经外科医生或诉讼律师，这份工作就无法弥补你失去的收入了。在大多数情况下，你应该慎重制定自己的职业策略，因为当你无法继续从事你所接受教育的职业时，它会为你提供保障。

另外，确保你的税务会计每年在你的纳税申报单中将保险费作为收入。这可能会花费你几美元的税，但这样做可以确保你每年获得的任何伤残后的收入都是免税的。当杰夫开始领取伤残支票时，他感到如释重负。

虽然你工作的公司可能会提供团体残疾保险，但明智的做法是去评估保险政策，确保对于残疾的定义是适合目前你所做的工作。如果没有，你可能需要投资自己的保险策略，以确保你得到适当的保护。一个合格的代理人可以带你了解许多可行的选择，但在大多数情况下，我们建议在你残疾后的 3~6 个月开始支付保险费用（这段时间被称为消除期），并一直持续到你 65 岁、66 岁时。

在大部分情况下，相当于税前收入 60% 的保险就足够了；这个数额通常大致等于你的实得工资。你的财务顾问或保险代理人也能帮助你确定是否应该购买高限额的伤残保险。这些政策是为高薪专业人士设计的，如演员、体育明星、著名音乐家，以及高级商业主管、律师和医生。

虽然你希望自己永远不需要去申请伤残保险，但如果你遭受了致残伤害或疾病，有了它你今后的生活才会稍微轻松一点儿。

> 在美国，每秒钟就会发生 1 起致残事故，每 4 个美国雇员中就有 1 个会在退休前遭受致残伤害。

我还需要人寿保险吗

帕特里克接到癌症晚期的消息时，刚过 55 岁。医生认为他的寿命可能只有 6~9 个月，并告诉他应该把自己的后事安排妥当。帕特里克没有财务顾问，但他非常善于追踪家人的财务状况，而且他有一份人寿保险。现在他在想是否有足够的人寿保险来照顾这个家庭。

帕特里克和他的妻子露西正在与即将到来的难题做斗争。帕特里克的公司刚刚起步，而且即将进入他收入最高的时期。他的癌症治疗很困难，但他似乎已经做出了回应。也许会有奇迹发生。

帕特里克熬过了 9 个月，然后是一年，又熬过了第二年。他的表现远远超出了医生的预期，但经过两年的抗争，他的身体终于扛不住了。露西到我们这里来寻求帮助和指导。她想知道：我们会没事吗？我们的三个孩子能继续上私立学校吗？大学费用该怎么办呢？我们还能住在现在的房子里吗？

虽然死亡和纳税一样可以预测，但我们死亡的确切日期对我们大多数人来说是未知的。做好准备，万一你过早离开，照顾好你留下的家人，这是减轻生活不确定性的一部分。即使能够活到晚年，你仍然可以购买人寿保险，以作遗产规划之用。

是否需要购买人寿保险取决于你的个人情况。如果没有人依赖你的收入生活，比如配偶或未成年子女，而你有充足的流动资产可以支付眼前的债务和开支，你可能就不需要购买人寿保险了。然而，还是有一些很好的理由去购买人寿保险，我们稍后会讨论这些问题。

但是，如果你的孩子或配偶依赖你的收入，那么你需要确保自己有足够的保险，以使他们的需求在你去世后依然能够得到满足。从人寿保险中得到的赔付款代替了你的收入，并能够帮助你所爱的人负担生活开销，支付大学学费或其他财务义务。你所投保的保险金额将取决于你当前的情况，一个长期债务较少的老年人可能需要的保险也较少。

如果我们能早点儿见到帕特里克和露西，我们就会建议帕特里克多买些人寿保险来支持家庭。露西和孩子们不会有大碍，因为他们有良好的资产基础和保险收益，但她面临着一些困难的财务决定。在这样一个艰难的时期，她不想让孩子们马上从私立学校转出，并且进一步打乱他们的生活。我们建议露西在接下来的一两年里尽量维持过去正常的生活，但一两年后她就必须采取艰难的步骤：卖掉房子，找一个便宜一点的房子，她必须回去工作。这对她来说压力很大，但她处理得很好，并且毅然决然地做出了必要的改变。她搬到离家人更近的地方，孩子们也都适应得很好。

如果你结婚了，无论有没有孩子，都请问问自己，假如没有你的收入，你的配偶会过得怎么样。即使你没有孩子，你和你的配偶也可能有抵押贷款、信用卡债务和其他的财务负担，你的配偶在未来很难只用一份收入来偿付这些债务。

如果你有孩子，风险就更大了。没有你的收入，你的配偶能维持你想让孩子过的那种生活吗？如果你过早去世且没有人寿保险的资助，你的孩子上大学的梦想会提前破灭吗？这对大多数父母来说风险已经很大，那么对单亲父母来说就更大了，因为他们必须为孩子提供主要或唯一的赡养。你是否有足够的保障来确保你为孩子指定的监护人能够照顾好他们？

虽然许多年长一些的孩子——在大学里或即将毕业的孩子——可能不会依赖你太久，但那些有特殊需求的孩子可能需要你在未来很长一段时间内为他们提供经济支持。

弗吉尼亚医疗计划/卡兹保险集团的负责人和创始人乔恩·卡兹指出，在许多夫妻的观念里，一方不参加工作、照顾家庭和/或孩子，就不需要人寿保险。全职在家的一方为家庭做出了宝贵的贡献，如果配偶去世，这些工作必须请人做并且支付费用。此外，乔恩还指出，如果全职伴侣长期患病，有工作的配偶可能会抽出大量时间来照顾他或她的伴侣。全职伴侣的抚恤金可以作为其配偶的退休养老金的补充，因为其配偶的退休养老金在其患病期间可能会大幅减少。

乔恩还指出，有时会出现完全意想不到的情况，因此，在退休时放弃所有人寿保险是不明智的。他讲述了一个客户的故事，当这个客户到了退休年龄时，他认为自己不再需要人寿保险。因此这位客户放弃了所有的保险，但他在75岁时不幸地离婚了。法院根据人寿保险政策判决离婚以及支付和解赔偿。由于年龄和健康状况，他不得不努力寻找投保的机会，最终他必须每年支付2.5万美元的保险费以获得一份人寿保险。虽然这种情况并不常见，但这个故事强调了你应该谨慎地评估有关人寿保险的决定。

你需要多少金额的人寿保险来保障你的配偶或伴侣和任何受抚养人的未来？你应该考虑投什么类型的保险？如果你的配偶或伴侣意外地去世，你的生活方式将做出什么改变？这些都是你和你的财务顾问应该讨论的一些关键性问题。

虽然有很多不同类型的人寿保险，它们通常可以被分为永久的或定期的：只要保费一直保持最新的数据，且没有违反该政策的贷款或取款，永久保险就会为投保人的死亡提供终身保护；而定期保险只提供一段时间的保护，只有当投保人在保险期间死亡时才会进行赔付。

永久保险（如终身保险、可变人寿保险、万能人寿保险等）虽然比定期保险贵，但会随着时间的推移建立现金价值，并且会在递延纳税的基础上积累现金价值。有时候，最好的方案是持有一份混合保险单。在混合保险单中，每种产品类型都可以有不同的多种排列，最符合你目标的策略就是所谓正确的投保策略。

我们可以使用许多更加复杂的工具来评估整个保险计划，但考虑人寿保险需求的一个简单方法是使用以下公式：

收入×20−投资资产+债务+大学费用＝人寿保险金额

这个公式为你计算出了刚开始应该投保的金额。

举个例子，假设有一对夫妇，他们的年收入是25万美元，两个孩子还没有上大学。上大学的费用按每年30000～50000美元计算，为期4～6年；为了达到我们的目的，我们假设4年每个孩子5万美元，所以是40万美元。这对夫妇拥有价值150万美元的投资资产和100万美元的债务（抵押贷款、汽车贷款和其他债务）。

5000000美元（250000美元×20）（用于收入重置）−

1500000美元（投资资产）+1000000美元（债务）+

400000美元（大学费用）＝4900000美元（建议保险费用）

根据个人情况，我们通常建议购买成本较低的定期保险，而不是购买保费较高的终身寿险或可变寿险，并且将两者的差额投资于多样化的投资账户。我们也建议可以购买两到三份不同的定期保险。这样，当你的保险需求下降时，你也可以取消一份保单。

除了满足家人的需要，人寿保险还可以用于遗产规划。特别对于高净值个人，人寿保险可以帮助支付遗产税或帮助在受益人之间分配资产。如果你的遗产少于1120万美元（一对已婚夫妇为2240万美元），就不会被征收联邦遗产税。超过这个金额的遗产将需要支付40%的遗产税。对于这些大型遗产，建立不可撤销的人寿保险信托或设保人保留年金信托等策略，可以帮助维持遗产的价值，或将额外资产转移给受益人。

维格·克里斯托瓦尔是一名注册理财规划师（CFP）认证从业者和

持牌保险经纪人，他指出，他的许多客户依赖人寿保险的收益来均衡其财产的价值。例如，他的一个客户——一个寡妇，想把自己拥有的几处房产留给两个已经结婚生子的儿子。然而，其中一处房产的价值比另一处要高得多，而且两处房产的升值速度也不一样。在考虑评估和计算每处物业的增值率后，维格建议他的客户购买一份人寿保险。这是一个伟大的解决方案，有助于均衡每个孩子得到的遗产。当然，这个特定的选项可能并不适合所有的情况——你的顾问可以指导你找到适合你特定情况的最佳解决方案。

确保文件有序

确保有足够的人寿保险是保障我们所爱的人的未来生活的首要目标。但是，还有一些其他的工作也必须要做。

通常，在财务（和其他）问题上，夫妻中只有一方负责，而另一方则扮演被动的角色。对许多夫妇来说，这只是一种劳动分工或与伴侣的特定优势相一致，但双方都必须清楚自己的财务状况，并在配偶一方意外去世或因意外事故或突发疾病而丧失行为能力时，确保能够取得必要的文件和账户。

我们还想确保所有的遗产规划文件都是有序的，每一项资产上都有适当的受托人和受益人的名字。我们建议你从贵公司的退休计划和任何其他持股中获取适当的文件，以便我们仔细审查受益人资格；我们喜欢在纸上看到它，这样就不会有任何意外了。如果某位客户有过两三次婚姻，这一点尤为重要。很多时候，我们拿到文件，然后对客户说："看起来你的前任是你401（k）计划的受益人。"在通常情况下，他们都认为自己已经改变了受益人的名字，他们可能确实做了某些变更，但这种变更可能并没有生效。在任何情况下，最明智的是要白纸黑字地确定受益人的名称是你想要指定的那一个。

设置指定受益人的方式有许多种，但大多数人会先指定未亡配偶，然后是子女，或者可能是配偶以及子女的信托。没有孩子的寡妇或鳏夫可以指定其他亲戚，如兄弟姐妹、侄女、侄子或堂兄弟姐妹。那些拥有大量遗产并有慈善倾向的人，可能会选择将某些资产（如个人退休账户）捐赠给慈善机构，而不是指定某个家庭，因为这样可以提高税收效率。

投保伞形保险

当考虑到生命中可能发生的所有事情以及我们如何保护我们的客户免受潜在影响时，最简单的事情之一就是审查责任保险。我们通常建议客户购买伞形保险，这是一种责任保险，承保范围超过了房屋保险或汽车保险的承保范围。从本质上说，它的目的是在你需要承担相应法律责任或法律辩护费用时，保护你的资产不会受到不可预测的伤害或财产损失的影响。

当我和黛安·比蒂，加利福尼亚州联合保险公司私人客户服务部门的总经理谈论投保适当水平的保险的重要性时，她与我分享了一些故事，从中可以看出，那些本来可能会面临毁灭性的经济后果的客户受到了结构完善的保险政策的保护，从而降低了损失。

在一个场景中，一位客户的年轻儿子在父母后院的游泳池招待朋友，结果以悲剧收场。黛安总喜欢说，宠物、游泳池和聚会都是问题，很多损失都源于这些因素。在这件事中，那位年轻的儿子埃里克深夜邀请了几个人来家里游泳，却没有意识到其中一位客人在傍晚服用了酒精和非法药物的混合饮品。她在游泳池里独自待了几分钟后就淹死了。

因为埃里克的父母就在几米外睡觉，而且死亡事件发生在他们的家中，那位年轻女子的父母起诉了他们。虽然死亡确实令人心碎，但埃里克当晚早些时候并没有和那名女子在一起，也不知道她吃了什么。辩护律师在辩护时指出，埃里克和他的父母不应该为此负责。埃里克父母的伞形式保险不仅包括法律辩护费用，还包括最终解决问题的赔偿。如果没有一个高质量的伞形保险，这个家庭很可能要为这件事花上几十万美元。

根据保险单的内容，如果你被一个没有投保或投保不足的过失司机伤害，而司机的保险单不足以支付你的医疗费用，伞形保险还可以补偿你这部分费用。当我和黛安交谈时，她让我想起了我们共同的客户莱斯利，一个狂热的自行车爱好者。莱斯利和几个一起骑自行车的人在训练的过程中被一名司机撞倒，导致重伤。

黛安指出，许多人没有意识到一些州的汽车保险最低限额有多低。我们的客户是在加利福尼亚州被撞的，肇事司机的保险与州的最低保险标准一致，只向每个受伤的人赔付1.5万美元，而所有人的赔偿总限额为3万美元。对莱斯利来说幸运的是，她自己的保险很好地弥补了这一次投保不足的缺陷。她可以向她的汽车保险公司申请50万美元的赔偿，然后又向她的伞形保险公司申请了500万美元额外的低保驾驶人追加险赔偿。

由于她的伤势严重，需要十几次手术才能修复，因而无法工作，事实上可能永远无法回到要求苛刻的岗位。在这次事故中，她所获赔偿的550万美元意味着她不必担心高昂的医疗费用所带来的经济影响，而可以专注于康复。如果你是行人或骑车人，不幸被没有保险或保险不足的司机撞伤，这种伞形保险可以保护你，为你提供医疗支持。这不仅仅只在你遭遇机动车辆碰撞的时候发挥作用，因此即使你很少开车而认为自己不需要它，这项保险还是很值得投资的。

> 根据保险研究委员会的数据，全国12.6%的司机——接近3000万个司机——没有保险。

当然，并不是所有的客户都做好了充分的准备。加利福尼亚州联合保险公司的助理副总裁斯塔福德·雅各布斯分享了一位客户的故事。这位老妇人拒绝了他增加汽车保险并购买个人伞形保险的建议。一天，当她倒车驶出车道时，撞伤了一个邻居。因为她现有的保险不足以支付对她不利的赔偿判决，她最终不得不出售资产，被迫搬去与女儿同住。

幸运的是，伞形保险相对便宜，还可以扩大你其他保单——房主保险和汽车保险的责任限额，也可以为一艘船或第二套房子（如果你有的话）投保。确保你的具体保单涵盖了你所有的保险需求，并每年回顾你的保险，以及当你增加了一项资产，如船舶或房地产时也要这样做。我们通常建议客户购买与他们的净值相等的伞形保险。然而，如果保险金额超过了一定的水平，这种保险就很难获得了。针对高保额的投保（约1000万美元），你可能需要找一家专门针对高净值客户的保险公司。

守护财富是保障健康的退休生活的关键，而个人责任保险是其中关键的组成部分之一。如果你目前没有伞形保险，请联系你的财务顾问和保险代理人，与他们讨论一下你应该投资的保险的类型和数量。

艰难的经济时期

经济衰退是对退休后财务安全的另一个潜在威胁，但通过适当的措施也可以部分缓解这一威胁。假设你不进行任何取款，你的投资回报将会随着时间的推移而趋于平衡，无论负收益的年份是在期间的前半段还是后半段，如表 8.1 所示。

表 8.1　150 万美元投资的增长情况

期初余额	情形 A		情形 B	
	1500000 美元		1500000 美元	
	年度收益率（%）	账户余额（美元）	年度收益率（%）	账户余额（美元）
第一年	22	1830000	-2	1470000
第二年	7	1958100	-11	1308300
第三年	12	2193072	-9	1190553
第四年	-2	2149211	-4	1142931
第五年	-11	1912797	7	1222936
第六年	14	2180589	22	1491982

续表

| 期初余额 | 情形 A | | 情形 B | |
| | 1500000 美元 | | 1500000 美元 | |
	年度收益率（%）	账户余额（美元）	年度收益率（%）	账户余额（美元）
第七年	9	2376842	12	1671020
第八年	-9	2162926	18	1971803
第九年	-4	2076409	9	2149266
第十年	18	2450163	14	2450163
期末余额		2450163		2450163
期末余额差		0		

然而，如果你是在投资组合出现负收益的那几年进行提款，困难就会找上门；也就是说，在那时，经济低迷会成为一个难题。如果你在经济下滑期间选择退休，并从回报率为负的股票投资组合中撤出，你就很有可能面临破产。当你从股票账户中提取红利时，你真的可能会打乱你的退休生活。

一些分析显示了从投资账户中撤出资金的影响和收益率。表 8.1 说明了一个 150 万美元投资组合的随机投资回报率。情形 A 和情形 B 使用了相同的年收益率，但是在两种情形中收益率出现的顺序不同。情形 A 显示的是前几年有正回报、后几年有负回报时的投资余额；情形 B 展示了投资组合在前几年有负回报时的投资余额。正如你所看到的，10 年后，两个投资组合中的余额是完全一样的。

如表 8.2 所示的是在回报率相同的情况下，每年从账户中提款 6 万美元。从这张表中可以清楚地看出，当在先前取得负回报时，你从账户中取出钱，账户的价值将受到显著影响，即使是在 10 年后，当强劲的正回报最终出现时也无法改变局面。

表 8. 2　150 万美元投资的增长，每年从账户中提取 6 万美元

期初余额	情形 A		情形 B	
	1500000 美元		1500000 美元	
	年度 收益率（%）	账户 余额（美元）	年度 收益率（%）	账户 余额（美元）
第一年	22	1770000	-2	1410000
第二年	7	1833900	-11	1194900
第三年	12	1993968	-9	1027359
第四年	-2	1894089	-4	926265
第五年	-11	1625739	7	931103
第六年	14	1793342	22	1075946
第七年	9	1894743	12	1145059
第八年	-9	1664216	18	1291170
第九年	-4	1537648	9	1347375
第十年	18	1754424	14	1476008
期末余额		1754424		1476008
期末余额差		278418		

因此，当客户接近需要用钱的时间点的时候，我们必须努力确保投资组合结构的合理性。这种方法与第一章中关于如何适当支出以及如何为退休后的经济独立做准备的讨论相吻合。我们建议你建立一个使你拥有 8 年的固定收益资产的投资组合，以便于你从中提取所需的金额；这样做，即使你选择在经济低迷时期退休，也不会受到沉重打击。在一段时间内为股票的反弹做准备是十分重要的策略——你一定不希望在股价下跌时卖出。根据你的资产情况，你或许可以靠投资组合的收入生活，但在经济低迷时期，这可能会有些困难。你总是需要一点儿缓冲以备不时之需。

有些客户会问，这种策略有什么不利之处吗？当然，这种策略潜在的缺点是，如果市场上涨而不是下跌，你本可以通过持有更多的股票来赚得更多的钱。但你必须问问自己，为了增加可观的储蓄，是否值得你冒资产大幅缩水的风险。假设你在退休的时候拥有一个令人满意的资产水平，那么资产缩水 50% 带来的负面影响要远远大于资产增值 50% 所带来的正面影响。

我们密切关注经济指标和市场走势，并根据我们收集的数据进行规划，但市场即将面临的不确定性是谁也无法断定的。我们只能够用一些策略来保护自己免受经济低迷的最坏影响的打击，为你的股票投资组合争取喘息的时间，同时可以抵消一些潜在的未知因素。

另一个不可预测性：单一股票风险

20 世纪 90 年代，我们看到了那些后来在科技泡沫破灭时遭遇重创或完全倒闭的公司创造了惊人的财富。我回想起那些对思科系统有大量投资的客户，他们想要得到更多的回报，因为他们认为这代表了未来的公司。不幸的是，要投资这只股票，你必须接受高达 300 倍的荒谬市盈率，而长期价格通常最高可至 18 倍市盈率。2000 年 3 月，思科股价达到每股 82 美元，而 2010 年每股价格只有 8 美分（考虑到股票分拆）。我记得曾与一些潜在客户会面，他们决定不聘请我们作为他们的顾问，因为我们不会购买他们投资组合中的思科和其他几家成功的公司。

当时思科是受众人喜爱的一只股票，根据我的一些潜在客户的说法，只有傻瓜才不持有它。而我会告诉他们，虽然我喜欢这家公司，但我不喜欢它的股价。19 个月后，也就是 2002 年 10 月，思科股价跌至每股 8 美元，亏损高达 90%。

我从 1988 年开始就和微软员工一起工作，看到他们中的许多人在 20 世纪 90 年代拿着分到的股票期权获得了一大笔财富。纵使微软是一家很棒的公司，但这是否意味着你要把所有的鸡蛋都放在它的篮子里——一个你无法控制的篮筐？

幸运的是，我们的客户遵循了我们管理单一股票风险的流程，他们中的许多人现在正愉快地享受着提前退休的生活。我们的管理流程其实很简单：看看你愿意并且能够承担的风险，然后为管理风险建立一个清晰且一致的策略。

在 20 世纪 90 年代的牛市中，我们会说，如果你相信你的股票会以每年 20% 或 30% 的速度增长，那么为了风险管理的目的，请允许我们卖掉你的股票的 20% 或 30% 然后分散到其他资产上。如果股票没有那么快的增长，那么你会为自己做出多样化的决定而感到高兴。如果股票确实像预期的那样增长，你仍然会有和开始时一样多的股票。这种策略并不是说要去评判哪种投资会做得更好，而是为了在股价大幅下跌的情况下通过多元化来分散风险——就像思科那样。

我看到有一些潜在客户认为我们的策略过于保守。他们与一家经纪公司合作，这家公司的策略是以股票和股票期权为抵押借款。他们的想法是，当你可以以 6% 或 7% 的利率借到钱的时候，为什么要卖一只年增长率超过 30% 的股票呢？从理论上讲，这个分析非常有道理，但它的前提条件是假设你可以控制所有的结果。当我们告诉他们这不是一个值得冒的风险时，我们既不会改变策略也不会失去那些潜在客户。

不幸的是，2000 年当科技泡沫破灭时，这些千万富翁中有很多都破产了。他们起诉了经纪公司，因为是那些公司说服他们进行这些交易的。但他们又输了官司。所以，不要让贪婪阻碍你享受退休后的美好生活。请确保你有一个清晰的决策流程，这将有助于你实现长期目标。

通常，人们不愿意出售他们拥有大量投资的公司股票，因为他们（或他们的家人）建立了公司，他们在情感上依附于自己的投资；而且他们可能了解一些基本面的细节，并相信该公司是稳健的，或者他们可能认为该股历史上的强劲表现预示着它将继续飙升。但这可没准儿，那些不愿进行多元化投资的人今后可能会面临不愉快的后果。集中持有一只股票会带来很大的风险。股票既有可能是你好运的源泉，但它也同样会轻易导致财务灾难。

即使是看起来稳定的大公司，也可能会面临与公司或行业特殊情况相关的特殊风险，从而遭受损失。这种情况发生的频率远比你想象得要高。当一家公司炙手可热时，它可能是华尔街的宠儿，但两年后，它也许就会陷入困境，甚至完全破产——还记得派兹网、尖端印象和雷曼兄弟吗？

如果你把所有的鸡蛋都放在一个篮子里，那么如果篮子不慎摔落在地，你就有可能面临一无所有的风险。我有一对客户想建一个数百万美元的房子，他大量投资了公司股票。我告诉这对夫妇，一边守着股票一边签一份高价的房地产交易应该不是他们所期望的。如果股票价格下跌，那就太冒险了。但是这位丈夫不愿意卖掉手中的股票，因为它们表现非常好。"为什么现在就要放弃即将胜利的那匹马？马快赢了，我们就继续骑吧。"他这样告诉我。我问他，拿他们即将退休的安稳日子去冒险，赌股票会继续上涨，这件事是否值得。

我坚定地告诉客户，如果我处在他们的位置，我会卖掉股票，开始建造我梦想中的房子；但是，如果他们不准备出售股票，他们也不应该签署购买土地和建造房子的协议书。夫妻二人商议了几天后，妻子打电话给我，说："我们会采纳你的建议。我们不想现在就卖掉股票，但我们必须信任你，我们知道自己正在做什么。我们想要房子，我们想尽快退休。"

幸运的是，我们在股价接近历史最高水平——每股大约 90 美元时卖掉了股票。仅仅两年后，股价就跌到了每股 15 美元。我们的客户不仅得到了他们梦想中的房子，还愉快地享受着退休生活。但是如果他们没有出售股票，这两件事就都不会发生。

那些把大量资产捆绑在一只股票上的客户通常在公司起步阶段就加入了这家公司，而且它们表现出色；这些是 Facebook、Twitter 和谷歌的员工。但是，通过公司的股票侥幸获得收益就像中了彩票。我问这些客户："如果你中了 1000 万美元的彩票，你会把它全部用来买更多的彩票吗？"他们当然不会。但你一天不卖出股票，就代表你选择持有它，这意味着，从本质上来说，你买了它。你可能对公司的成功投入了感情，不愿相信它会遇到任何挫折与打击，但公司面临的威胁的的确确会意外地出现。

最显而易见的解决方案是出售部分股票，并将资产多元化，这是我们在条件允许的情况下会采取的策略。然而，有些时候，事情并非如此简单。客户可能有一些必须或者希望持有某一只证券的理由；也可能是这只股票在某一日期或特定事件发生前不能出售，又或者客户可能想保持一定的持股比例以保障自己的表决权或其他权益。如果这是你所面临的情况，你的财务顾问应该根据你的具体情况选择替代方案——这将帮助你最小化单一股票的风险，即使你必须继续持有较大规模的头寸。

家庭需求

对大多数人来说，照顾家庭是他们的首要愿望。当我们与客户见面时，我们总是会谈论到他们需要为一些家庭成员提供持续支持的可能性。例如，他们是否需要为年迈的父母或无法完全自立的子女提供经济或物质上的支持？

通常，对我们而言，预测客户父母的需求更容易，因为他们几乎都已经或即将退休。如果父母们愿意分享他们的财务状况信息，我们就可以估算出客户需要拨出多少款项以供以后照顾他们。

而关于儿童的计算往往比较困难；当困难或残疾发生时，可能会令人措手不及。我的哥哥打电话给我，问我能否帮助他的一个好朋友，她的女儿在 20 多岁才被诊断出患有一种耗损性疾病。虽然他们的财务状况良好，而且从经济角度来看，帮助照顾女儿不会对他们的退休生活产生什么负面影响，但对女儿的护理可能要花一大笔钱。

幸运的是，尽管女儿不得不辞职并搬到父母身边，但由于 2010 年的《患者保护与平价医疗法案》（*Patient Protection and Affordable Care Act*，又称 "ACA" 或 "Obamacare"）的实施，她仍能保住医疗保险。然而，未来充满了未知，随着女儿疾病的恶化，他们的退休生活计划很可能需要为之改变，他们或许会选择改变他们的财务和财产计划，以便女儿在他们去世后依然能够得到专业的护理。

有时意外发生在孩子很小的时候，甚至在出生前。患有自闭症或严重发育迟缓，以及身体残疾或精神疾病的儿童，也许会受益于特殊的教育机会和护理；虽然有许多公共资源可用，但总有一些资源比较昂贵或稀缺。实验疗法通常不包括在保险范围内，而家庭可能希望为此类治疗自掏腰包，但这可能会增加经济负担。

当一个孩子有重大需求时，可能需要你花费大量的时间来确保这些需求得到满足，而家庭就很难正常运转。除了经济上的压力外，这还可能会导致夫妻关系紧张，以及因剥夺其他孩子的关注而产生的负罪感。

通常，有特殊需求的孩子年龄都比较小，这些孩子的父母30多岁，甚至更年轻。在这种情况下，他们的生活永远改变了；由于父母中有一方要待在家里照顾孩子，家庭收入能力可能会被显著削弱。如果父母选择雇用一个专业护工，那么费用又会非常高。这种情况对于退休计划可能具有挑战性，并且会给全家人带来精神上的负担。

这时候祖父母就发挥了作用。如果祖父母手中有一些财富，他们通常倾向于倾其所能去提供经济上的帮助，有时甚至会介入并提供一些照顾。

正如我们在第二章中简要讨论的，对于一个需要持续支持的孩子，父母或祖父母可能会为孩子未来的照顾和看护建立一个特殊需求信托。因为这些信托必须考虑到受益人的特殊财务状况和未来可能的需求，所以这需要特别注意，补充护理特殊需求信托的设计目的是不危及子女或孙辈本来能享有的州或联邦支持，如社会保障、医疗保险或医疗补助。如果信托设计得当，孩子就能够享有这些好处。在特殊需求信托方面有丰富经验的房地产律师会整理好所需的文件，以供你的财务顾问查看，从而确定财务和税务方面的影响已得到充分考虑。

特殊需求信托也可以作为你孩子未来的储蓄工具。你现在可能没有一大笔钱，你的孩子可能还小，但是你可以把钱存入一个特殊需求信托基金，就像你存入401（k）或IRA账户一样。信托也可以由遗嘱中剩余的金钱或财产来提供资金。

随着事情的发展，你可以提前为家庭的健康需求和未来福祉做一些准备，以保护他们的利益，并最大限度地为他们做出贡献。

预测未来

有许多我们称为意外的事件其实并不是完全不可预测的。根据美国交通统计局的数据，2012 年公路交通事故估计为 560 万起（根据可以获得的最近一年的数据）；据统计，一名司机一生中可能会发生三起到四起车辆碰撞事故。车祸时有发生，但你可能从来没有想过，或者说在任何一天你都不可能想到你遭遇车祸。同样地，你不会为了派对上甲板塌下来，或者你的配偶比你先去世这些事情提前做好打算，但其实这些事情每天都会发生在人们身上。

你能为抵消灾难的负面影响而做得最正确的事情就去评估你的弱点和用优质的保险与强大的应急计划来保护自己。因为你无法预测什么时候可能会需要保险，或者确切地说需要为了什么而投保，当意外发生时，适当的残疾、人寿、房屋和汽车保险，以及伞形责任保险可降低你遭受巨大经济损失的概率。同样地，你也无法预测股票回报会是多少，或者你的公司是否会陷入困境并失去控制。所以在做财务决定时，你应该有一个过程和计划，将这些变量通通考虑在内。

预料那些预料不到的事情

☐ 如果你不幸残疾且不能长时间工作，残疾保险可以降低你的财务困难风险。保单可以被特别定制，使其涵盖你的特定职业（"自己的职业"），并可以延长保险期限至你达到退休年龄的时候。

☐ 考虑人寿保险是否可以帮助你进一步实现遗产规划目标，或者保护你的家庭免受你未偿债务的负担。如果受保配偶在长期患病后去世，它还可以作为另一方配偶因长期照料所失去收入的补充。

☐ 每年回顾一下你的保险政策，以确保你得到了充分的保障。一个合格的代理，除了能为你提供合理的财务建议外，也能够有效地对你的保险政策进行审查，并让你知道目前是否受到良好的保护。

☐ 为可能需要额外支持的家庭成员提前做好计划。如果你的孩子残疾，特殊需求信托可以为他或她提供未来的照顾。请一定向在这方面有经验的财产规划师和财务顾问咨询。

☐ 评估你的投资组合，看看你承担了哪些市场风险。如果要从投资组合中退出，或者持有大量的单一股票，请确保你有一个明确的计划来抵御市场下跌的风险。

第九章　避免过度节俭

　　几年前的一个星期天，我去看望我的父母并与他们共进晚餐。我的父母喜欢旅行，他们最近刚结束为期四周的欧洲奢华之旅。当他们向我讲述在欧洲大陆各大老城市的旅行时，我妈妈在桌子上放了一个沙拉碗，解释说沙拉里没有番茄，因为商店里的番茄太贵了。

　　我喜欢分享这个故事，因为它完美地说明了人们对金钱的特殊态度。我父母刚刚享受了一个非常奢侈的假期，但却觉得购买一个昂贵的西红柿实在是太奢侈了。这并不是他们负担不起，他们只是不愿意把钱花在他们认为不值得的东西上。我们都为事物赋予了不同的价值，且一直在对各种物品和经验的公平交换做出判断。对于一个在城市里生活了一辈子的人来说，他可能会毫不犹豫地以被我母亲拒绝的价格购买西红柿。但是我母亲是在农场长大的，对她来说，4 美元一磅的西红柿（或者不管那天的价格是多少）太贵了。

　　我发现自己也在做同样的事情。因为我白天工作很拼命，经常不吃午饭，所以我的妻子帕姆最近开始给我做午饭让我带去上班。在一天结束的时候，我带着装饭盒的纸袋回家，她问我拿着一个用过的纸袋干什么。我说："这还很好，我明天还可以用。"我会在一顿丰盛的外出晚餐上毫无顾忌地花钱，但应该重复使用还能使用的东西这一根深蒂固的想法，意味着我会不厌其烦地折叠我的纸质午餐袋，把它放回公文包里等待再次使用。从事物发展的角度上看，我在午餐袋上省下的几分钱会给我的积蓄带来明显的变化吗？并不会。但这种小经济模式是我成长过程中遗留下来的怪癖。我告诉帕姆："这就是我的匹兹堡。"在成长过程中，我们每个人都会有二手衣服，如果这些衣服将来还有用得着的地方，那我们就不会扔掉。这是一种我迄今为止仍然保留着的一种家庭价值观。

我所见过的每个人在理财方式上都有一些怪癖。这是好的。事实上，停下来思考一下，你买的物品 a 真的是你想要或需要的东西吗？物品 b 是否物有所值？这样做是一种很健康的方式。但是同样重要的是，你要在你古怪的节俭习惯与现实生活中可以花的钱之间做好平衡，并享受自己为之努力的成果。

令人惊讶的是，过着过于节俭的生活是许多人退休后失败的一个重要原因。到目前为止，我们一直关注的是那些可能危及你经济独立的陷阱，但你也可能因为害怕欣赏自己的劳动果实而阻碍退休。毕竟，退休不仅仅是你生命中一个阶段的结束——在这个阶段，你可能建立了事业，可能养育了家庭，也可能为你的社区做出了贡献。这还是一个新阶段的开始——在这个阶段中，你可以探索因为以前太忙而无法研究的领域。但是，由于各种各样的原因，人们有时无法在退休后充分生活，无法享受他们所建立的一切。

你的金钱观

你对待金钱的态度和理财方式是由你的个性和家庭教育构成的复杂混合体塑造的——是由你的父母们对待金钱的态度、家里有多少财富，以及你成长的时代和地域的经济背景决定的。

虽然有很多不同的方法可以对不同人的金钱观进行分类，但总的来说，主要可以分为三大类：挥霍型、逃避型和储蓄型。挥霍型的人从为自己和他人购买物品和服务中得到愉悦感，他们可能很难保留现金；逃避型的人不喜欢想到钱，要么是因为他们对金钱感到不知所措和恐惧，要么是因为他们觉得钱是腐败的（"万恶之源"）；当有大量的钱可供支配时，储蓄型的人会感到更安全，他们中的一些人可能会倾向于囤积财富。当然，每个类别都有各种各样的行为，而那些极端的人可能对自己的财务状况无所适从。

我们在本书第一章讨论了消费，主要集中在问题消费上。但是，过度储蓄也是一个问题，特别是当你经济状况良好，但却认为把钱花在度假、娱乐，甚至偶尔奢侈的事情上是有风险或不明智时。

> 根据 2015 年的一项调查，15% 的富裕投资者后悔没有更多地享受他们的钱。

恐惧可能是人们主动选择过节俭生活的最大原因。他们认为，"可能会有不好的事情发生，所以我必须持续保护我目前所拥有的东西"。他们担心自己的钱会花光——市场会暴跌，他们的房产会贬值，或者他们会很快花光积蓄。甚至一些非常富有的客户也存在这种焦虑，虽然他们的投资组合足够强劲，足以支撑自己度过几乎任何的低迷时期。这些人可以以任何他们选择的方式来一场说走就走的旅行或满足自己的兴趣。但旧习难改，对未来的非理性恐惧可能会根深蒂固。因此，有些时候，即使没有合理的理由，退休的人也会保持完全的储蓄和保存模式。

从物质的角度来看，囤积金钱的倾向与末日生存者的心态很相似，他们囤积足够用 7 年的食物和水，以防经济崩溃。虽然为紧急情况做准备是明智的，但不要让自己忙于担心那些可能永远不会发生的事情，而忘了好好生活。

当我们遇到那些认为自己面临巨大风险，并因此不必要地紧握现金不放的客户时，我们试图帮助他们控制自己的恐惧情绪。为了帮助客户消除担忧，我们着眼于整体情况，包括历史——市场长期表现，以及客户个人投资组合的水平和配置，以向他们保证，他们的投资方式妥善管理了自己的风险。

虽然没人能够保证未来的日子一帆风顺，但我们可以做出预测，衡量各种情况发生的可能性，这往往足以平息紧张情绪，让人们能够按照自己的意愿去生活。如果谨慎消费是他们的真正偏好，那也不赖，但如果我们的客户因为担心付不起钱而放弃享受生活，那我们就应该帮助他们了解自己财务状况的真实写照，让他们放松心情，并从自己辛辛苦苦挣来的钱中获得乐趣。

当金钱观碰撞时

夫妻因为钱而争吵是很常见的。如果一个人属于金钱性格的这个类别，而另一个人属于不同的类别——或者即使这两个人属于同一类别，但在这一类别的两个极端——冲突就很可能会发生。毕竟，处理金钱的方式是非常个性化的，当你的伴侣质疑你存钱或花钱的决定时，你会觉得自己受到了攻击。

很多时候，对支出的恐惧主要表现在配偶或伴侣身上。夫妻中有一方真的认为他们的财富已经枯竭了，并伴随着这种恐惧生活，这种情况并不少见。那位伴侣对钱的看法可能是这样的："一切可能出问题的都将会出问题，所以我们最好不要花不必要的钱。"

> 2015 年，富达（Fidelity）的一项研究发现，超过三分之一的夫妇在家庭可投资资产总额上存在分歧（36%）。

我有一对客户夫妇就符合这种情况。丈夫担心另一场经济衰退甚至大萧条即将来临，他们将会被彻底摧毁，而妻子想要走出家门去探索世界，因为他们现在有了充足的时间。他们一生都在为了事业努力工作，经济状况也很良好，只是丈夫的担忧阻碍了他们。在最近的一次会议上，我和这对夫妇交谈时告诉他们："你们现在每个月只花 1 万美元，但或许你们可以花两倍的钱，这样也不会将自己的未来置于险境。你们想做些什么？"我列出了一些他们可以享受金钱的方式，当我提到去澳大利亚旅行时，妻子的眼睛亮了起来。但她的丈夫犹豫不决，觉得这是一次昂贵的旅行，没有必要去。

在某些情况下，人们担心的是留下配偶单独一人生活和没有足够的经济来源。我的父亲很早就去世了，留下了比他小四岁的母亲。他一直担心她会把所有的东西都交给孩子们，然后自己一贫如洗。我替母亲管理她的钱，她偶尔会提醒我："爸爸总是担心我会没有足够的钱。我是不是应该谨慎一些?"这些年来,父亲的告诫一直陪伴着她。她在大萧条时期的一个农场长大,现在依然记得当时的艰苦生活。

事情是这样的。在某些时候,当你想要真正享受你的钱去做许多事情的时候,可能为时已晚。随着年龄的增长,你可能会发现舒适地旅行是一件很困难的事情。即使你的身体相对健康,生理条件允许你进行这次旅行,但你的思想和身体的变化可能会让你对旅行的热情有所降低。也许,你无法去到你想去的地方或者花费数小时在外国城市的街道上行走。对你而言,尝试新的冒险将变得更加困难。趁你还年轻、还健康、还能享受的时候,去做你想做的事情吧。

规划你未来的财务状况是至关重要的,但如果你和你的顾问已经审查了你的投资组合,并且你的支出在合理的范围内,那么就请尽情享受你的财富吧。在与刚刚提到的那对不情愿的夫妇见面后不久,我和丈夫谈了谈,他告诉我,他们已经预订了为期三周的澳大利亚和新西兰之旅,他对此感觉很好。

馈赠

对一些人来说,确保子女能够继承遗产是一件很重要的事情。我们的一些客户称,这正是他们勒紧裤腰带过日子的原因。虽然留下经济遗产是一个重要的考虑因素,但当你与身边的亲人共同享受家庭时光时,平衡这种愿望和享受家庭的需求大有裨益。

我们有几位节俭的客户,他们对旅行或购买艺术品、房地产以及其他可能带给他们快乐的东西不是特别感兴趣。相反,他们的快乐来自家庭。在这种情况下,我们通常会问:"那么谈到家庭,什么对你来说最重要?"我们希望帮助他们挖掘并展示自己的能力,建议举办家庭聚会之类的活动,帮助他们与子孙后代留下持久的回忆。

我的父母就是这么做的。有一年,他们租了几间海滨别墅,住了几个星期。他们邀请了所有的孩子和孙子孙女加入他们的行列,并且自己承担了费用。这对我们每个人来说都很难拒绝,尤其是在我们并不宽裕的职业生涯早期。这次假期非常成功。只要有机会，我们的大家庭就会聚在一起，我的父母看到全家人在一起过得很愉快，内心感到非常满意。他们就这样重复了许多年，总是想出一个新的地方和新的冒险，供我们大家团聚。

这些经验上的礼物是一个很好的方式，可以按照你的价值观来花钱，和你爱的人分享你的时间和财富。人们有时会害怕去做这些未知的事情，直到我们开始引导他们，但随后他们自己就会对这种前景感到雀跃。

我们确实有一些客户想知道，是否应该把所有的东西都存起来，把所有的钱都留给孩子，而不是这样花钱。我说："你把你们的遗产花在和他们共度特别的时光上了。鱼和熊掌不可兼得。"一个常见的担忧是：孩子们可能不希望这样花钱。于是，我回答说："那么你想要什么？"

我曾见过这样的情况，孩子们继承了一大笔钱，他们甚至并不觉得高兴，因为他们的父母没有用这笔钱来享受自己的生活。孩子们感到内疚。你应该做的是教会孩子们如何享受生活，而不是痴迷于节省每一分钱，这其实也是帮了他们一个忙。

我母亲80多岁时开始寻找一种新的方式向她的孩子和孙辈表达她的爱。她在开支方面相当保守，有充足的预算去花更多的钱。在现在这个年纪，她的需求相当简单，她有不错的收入和投资组合，很容易满足她的现金需求。她应该怎么去花她的钱，尤其是在生理和心理条件都不太允许她去旅行的情况下？

经过一番讨论，我们想到了给她的孙子和曾孙送"我爱你"的礼物。她时不时地会给每个人寄一张便笺，里面有一张支票。她也会经常问我："我的投资怎么样了？我想给我的孙子们寄些钱来帮助他们。"

"我爱你"的礼物突如其来，使它们成为一个特别的惊喜。我建议让礼物完全随机——改变其数额，不要把它们和重要的节日或生日绑在一起。孙辈们现在已经二三十岁了，这份礼物对他们来说意义重大，这为他们减轻了一点经济负担，让他们可以追逐自己的梦想。而对于我母亲来说，这是一种让她感到振奋的有趣方式，也给她的孙辈们带去了意想不到的惊喜。

所以，享受吧！

退休是一个尝试新事物的机会，不会让你受到工作和日常照顾孩子的束缚。如果你有足够的财富让你去探索新的地方和活动，那就去做吧。只要你的消费不会危及你的生活方式，也不会最终成为孩子的负担，你理应去享受你辛辛苦苦换来的一切。

如果不确定你的支出水平是否与你的退休储蓄相匹配，请咨询财务顾问，他可以分析你的投资组合和需求，并提供一些建议。你有可能不需要像你想的那样保守，你完全负担得起旅行费用或者安排一次大家庭出游。

要想过一个幸福的退休生活，积极投身生活是至关重要的一部分。要记住很重要的一点，金钱只是一种工具，而不是目的本身。所以，不要因为没有充分利用你的财富而在退休时失败——人生的新篇章给了你机会，让你可以去充分利用目前所拥有的一切，并与所爱的人分享你的财富。

充分享受退休生活的小贴士

□ 量入为出，但要明白这意味着什么。如果你努力工作，有能为你提供良好生活的储蓄，你就可以充分享受退休生活，去探索你喜欢的活动吧。不要让恐惧限制了你的可能性。

□ 和你的财务顾问谈谈，如果你愿意的话，可以从储蓄中安全地提取多少钱以供消费，以及送礼的策略。如果你担心钱不够用，那么制订清晰的财务计划可以使你高枕无忧。

□ 与你的配偶或伴侣（如果你有的话）讨论你的生活方式和财务上的目标，以帮助解决你们在金钱方面的分歧。

□ 考虑把钱花在人生经历上，尤其是那些你可以和家人分享的事情上。研究表明，人们把钱花在旅行、娱乐和特别的外出晚餐上比花在电视或汽车等物质上更快乐。

□ 研究表明，把钱花在别人身上会使我们自己感到幸福，所以尽管去送礼吧。只是要确保对方不要对礼物产生期望，并且每次给的金额都要有所不同（记住，这是礼物，而不是权利）。还有什么比给家人送上"我爱你"的礼物更好地享受你财富的方式呢？

后　记

在你开始寻找财务顾问之前，问问自己：我为什么要找财务顾问？也许是由于一件大事，比如晋升、公司出售，或者一笔遗产，这些意味着你现在手头有一大笔钱，你需要一些投资和税务建议。或者，在读完这本书后，你可能会意识到你需要一个清晰的计划来避免你自己退休失败。这些原因都是因人而异的，而且通常都与你的情况息息相关。

知道了自己的动机后，你就可以开始了。是什么让客户—顾问关系变得成功？你应该考虑的关键标准是什么？你怎么做才能让这段关系变得特别呢？以下是一个良好的客户—顾问关系的七个关键特征。（在本节的结尾，你会发现一个清单，以供你在开始寻找财务顾问时使用。）

找一个值得信赖的财务顾问

信任是桌上的赌注，或者是你们关系的必要基础。你的财务顾问将是了解甚至控制你家庭财务状况的关键人物之一。当你与潜在的财务顾问会面时，听从你的头脑和直觉。你得到的总体感觉是什么？你觉得这个顾问拥有卓越的热情以及高度的正直和专业精神吗？

当然，只见一次是很难评估出财务顾问是否值得信任，但你可以倾听财务顾问的动机。他应该对你的目标很感兴趣，并分析你情况的独特性和复杂性。尤其要警惕那些快速跳转到解决方案的人。如果顾问接受委托，他可能会引导你使用符合他利益的产品和服务，而不是符合你的利益。寻找优先考虑提供出色咨询建议而非销售的财务顾问。你需要信任个人财务顾问，但也许更重要的是，你需要信任你将与之共事的团队

137

和整个机构。在如今丑闻四起的环境下，一家管理不善的公司可能会让你的账户和安全面临风险。考虑一下公司的整体声誉、获得的投资界的奖励或认可，以及提供客观、独立建议的年数。《巴伦周刊》《福布斯》和《华盛顿》等发布的排名可以是一个有用的起点，但要警惕那些把这份榜单吹捧为可靠来源的财务顾问。SBSB 也出现在这些榜单上，我仍然认为排名是有帮助的，但不应该成为你做决定的最终定论。考虑一下公司所获得的奖励和荣誉，但更重要的是，考虑一下你能完全信任将要合作的公司吗？

找一个会倾听和关心你的财务顾问

正如我们在这本书里看到的，糟糕的财务规划的真正陷阱往往是由内心的问题引起的。随着时间的推移，你需要和你的财务顾问谈论一些你甚至不会和亲密的朋友或家庭成员吐露的话题：照顾年老的父母、离婚的财产分配、变卖公司、抚养有毒瘾儿童的费用等。你想要和能够帮助你、倾听你、关心你和你的家人的人进行这些难以启齿的对话。个人理财的世界远不止冷冰冰的数字与分析。

在与你的潜在财务顾问面对面的谈话中，你认为销售推销和财务顾问咨询哪个更重要？

财务顾问是否和你及你的配偶进行交流？夫妻双方通常会有一个"领头人"，负责家庭投资和财务健康。一个好的财务顾问不会只关注那个人，而是会动员所有的家庭成员来确保他们能理解，并听取他们的需求和意见。

你真正要和谁一起合作？你是和你见的人一起工作，还是会被转给另一个人？你会有一个单独的顾问还是会和一个团队一起工作？除非你的情况相对简单，否则最好由一个在多领域，比如投资、税务、退休、房地产和保险规划，都有专业人士的团队来为你服务。因此请记得咨询团队结构以及财务顾问与客户之间的沟通方式。

找一个专业知识广博的顾问

我所说的深度专业知识，指的是顾问拥有的知识和多年的实战经验。金融服务行业有许多头衔。顾问名字后面的一连串字母可能会让人感到困惑，而且很难知道它们真正代表的知识水平。你最常看到的三个可能是注册财务规划师（CFP®）、注册会计师（CPA）和特许金融分析师（CFA）。你可能最熟悉注册会计师的职称，拥有注册会计师证书的专业人员都是税务和会计领域的专家。CFP®的职称代表了在财务规划的广泛领域高水平的委托和专业知识，包括本书所讨论的退休规划、保险需求和遗产规划。CFA专注于投资和安全分析，对制定投资策略帮助很大。我们强烈建议你选择具有一个或多个上述证书的顾问。

我所说的顾问应该具有广博的专业知识，指的是更大的团队可以直接解决你的问题。例如，你的咨询团队是否有注册会计师来解决你的税务问题？是否有特许金融分析师可以讨论更复杂的投资策略并提供更深入的分析？是否有财务规划师为你提供全面的财务规划？

找一个熟悉你工作或生活环境的顾问

正如我们在书中看到的，许多职业或家庭状况会导致棘手的经济问题。即使你现在的情况相对简单，但想想未来你可能会遇到的复杂情况。一个70岁的退休老人所面临的问题与年轻的律师、崭露头角的企业家或忙碌的CEO所面临的问题不同。你希望你的顾问有处理你所面临的具体问题的经验，当你去看你的医生、律师或注册会计师时，你会寻找特定领域方面的专家，你应该期望你的财务顾问也能这样做。例如：

● 律师需要特别关注季度纳税情况，以及在不同国家和国际上执业所产生的税收问题。

● 企业主可能需要帮助了解最好的养老金计划，以及需要什么样的保险来保护他们免受商业风险。最终，他们可能会在收购、扩张或出售企业的重大事件中需要建议。

• 大公司的管理人员需要管理公司股票交易的时间和数量。他们也非常忙，需要一种可以处理个人财务状况并能高效利用时间的资源。

• 女性对财富的看法往往与男性不同。他们可能需要一个能够给他们提供信息并帮助他们实现对他们有意义的目标的顾问。

你的顾问是否有和你一样有问题的客户？你能直接与其他客户交流吗？

找一个善于与他人相处的顾问

你最好有一个能和你生活中的其他专业人士（如房地产律师或税务会计师）沟通良好的财务顾问。一些公司没有适当的沟通流程，很难与互补的顾问共享数据和其他关键信息。当你想快速完成任务，或者遇到需要与专业顾问进行深思熟虑的沟通的挑战时，无缝沟通尤其有意义。

找一个费用明确、透明的顾问

关于包括服务或不含服务的收费，你应该从任何你想合作的公司得到一个直接的回答。在聘请任何咨询公司之前，索要一份费用和服务的摘要。如果你交的理财费用占了所管理资产的一定比例，那么理财计划是否包括在内？你的财务计划多久更新一次？其他服务如何收费［如提供税务准备服务、遗产规划及管理（如有）等］？这是确定谁将提供各种服务的好时机。

找一个有远见的顾问

在财富管理领域有许多新趋势和新技术。找到一家展望未来、探索新机遇、更好地为客户服务的公司是很重要的。问问你正在考虑的公司是如何看待未来趋势的。顾问们了解新的投资工具吗？他们能清楚地解释为什么投资或不投资吗？他们是否利用最先进的技术来保护你的资产和信息？考虑到不断发生的突发新闻事件，他们能让你及时了解对你的投资和长期退休计划的影响，从而平息你的恐惧吗？他们能否让你及时了解新的法律和政府政策，比如可能影响你退休计划的收入和遗产税法的变化？

你和理财顾问的关系可能是你拥有的最重要的关系之一，所以请花点时间为自己找到合适的理财顾问。你值得拥有一个完全信任的顾问，他会倾听和关心你，有合适的经验来满足你的需求，能与你的其他专业顾问很好地合作，并且对所提供的服务和收费结构保持透明。具备这些基本素质的顾问对于你的未来和你家庭的福祉将是一笔巨大的财富。

清单找到合适的顾问

向顾问提问：

☐ 什么职称？CFP®？

☐ 有多少年财富管理的经验？

☐ 在这家公司工作多久？

☐ 有多少职业或生活状况与你相似的客户？

☐ 只有顾问一人还是有团队来解决问题？

向公司提问：

☐ 顾问的薪酬如何？

☐ 顾问的平均任期是多久？

☐ 公司是否销售投资产品/服务？

☐ 公司的经营时间有多长？

☐ 整个投资和财务规划界对公司的评价如何？

☐ 领导者的薪酬是如何构成的，增长模式是什么？

☐ 公司的投资理念是什么？

☐ 能直接和投资团队沟通吗？

□ 在公司内部有税务专业知识培训吗？

□ 如何计算投资交易等方面的税收后果？

□ 公司如何处理数据安全？

- 公司如何保护你的财务数据？

- 公司是否有一位专职人员不断关注未来的风险，并设法确保你的资料及账目安全？

- 公司是否帮助告知客户如何在家中保护数据？他们如何确保你的家人得到保护？

□ 公司是否有客户有你这样的职业或问题？你能直接和其他参考客户对话吗？

□ 公司如何看待未来趋势？

□ 收费是多少？它们是透明的吗？

向参考客户提问：

□ 公司对问题的响应时间是多久？

□ 你能联系到投资团队吗？

□ 你觉得公司把你的利益放在首位吗？

□ 顾问愿意与其他顾问（客户、房地产律师等）合作吗？是把他们作为团队的一部分，还是视为竞争对手？

□ 顾问和公司在倾听这方面做得好吗？他们是否把你所有家庭成员都包括在重大决策中？

向律师事务所合伙人提问：

□ 公司是否有与其他律师打交道的经验，以及公司的具体计划是什么？

□ 公司能否帮助制订有关现金流问题的计划并提供咨询意见？

□ 公司如何处理与代理客户的利益冲突问题？

□ 公司是否就税收问题提供咨询意见？

向企业家提问：

□ 公司具有与其他企业主打交道的经验吗？

□ 公司能帮助建立个人养老金计划或其他储蓄工具吗？

□ 公司在多大程度上帮助你腾出时间？

□ 公司是否拥有正在购买或出售公司的客户？

向企业高管提问：

□ 公司是否有与其他公司高管打交道的经验，甚至可能是与你所在公司打交道的经验？

□ 公司如何解决由过度投资公司股票而导致的问题？

□ 公司如何防范债务和利益冲突？

关于作者

　　格雷格·沙利文是沙利文、布鲁耶特、斯佩罗斯和布莱尼有限责任公司（SBSB）的联合首席执行官和联合创始人，是一个注册金融规划专家和一个拥有超过 35 年商业、投资管理和金融规划经验的注册会计师。全国性的金融刊物《巴伦周刊》已经将格雷格列为全国 100 强独立金融顾问之一，《华盛顿》杂志也将他列为华盛顿特区的顶级财富顾问之一。

　　在宾夕法尼亚州立大学获得会计学学位后，格雷格在安永开始了他的职业生涯。1991 年，他创立了 SBSB，这是一家财富管理公司，为高净值和超高净值客户提供财务规划和投资建议。他和他的合作伙伴后来把 SBSB 出售给蒙特利尔银行的子公司哈里斯银行，与这些银行的合作使沙利文和他的联合创始人得以扩大业务。2016 年初，SBSB 合伙人从蒙特利尔银行手中回购了该公司。该公司目前为近 900 名客户提供全面的财务规划，并为大约 500 名客户提供税务规划，管理着超过 35 亿美元的资产。

　　格雷格在金融规划和财富管理领域的工作已经形成很成熟的模式。他是美国注册会计师协会（AICPA）和金融规划协会（FPA）的成员。此外，他还是阿尔法小组和盲人松鼠的创始成员，这两家公司是由财富经理和企业主组成的全国性财团。他曾担任国际金融规划协会（现称金融规划协会）主席（1996—1997 年）、总裁（1995—1996 年）以及董事会成员（1989—1997 年）。

　　格雷格热衷于滑雪、骑自行车和三项全能运动，同时是两个成年孩子的父亲。他和妻子住在弗吉尼亚州的亚历山大市。